Göreme · Felsentürme und Höhlenkirchen im türkischen Hochland

Text: Jörg Wagner

Fotos: Gerhard Klammet

GÖREME

Felsentürme und Höhlenkirchen

im türkischen Hochland

Ravenstein Verlag, Frankfurt

Verlag Anton Schroll & Co., Wien/München

Die Autoren:

Dr. Jörg Wagner, Jahrg. 1943, ist Wissenschaftl. Assistent am Historischen Seminar (Abt. für Alte Geschichte) der Universität Tübingen. Er hat an den von Prof. F. K. Dörner geleiteten Ausgrabungen in Arsameia am Nymphaios teilgenommen und eine Monographie über Seleukeia am Euphrat/Zeugma sowie den in unserem Verlag 1977 veröffentlichten Großbildband »Die türkische Südküste« (Näheres siehe Seite 120) erstellt.

Gerhard Klammet, Jahrg. 1914, Landschaftsfotograf und Büchermacher mit archäologischen Ambitionen, wohnt in Ohlstadt/Oberbayern. Er illustrierte eine Reihe populärwissenschaftlicher Reisebücher von beträchtlichem Aussagewert. Der vorliegende Bildband ist nach »Die türkische Westküste« (1976) und »Die türkische Südküste« (1977) das dritte im eigenen Verlag erscheinende größere Werk (siehe auch letzte Seite dieses Buches).

Wir danken Burhanettin Muz, M. Aykut Özet und Çetin Anlağan von der Türkischen Antikenverwaltung und Hidayet Bahçeci im Ministerium für Tourismus in Ankara für ihre freundliche Unterstützung unserer Arbeiten. Pläne und Unterlagen für Neuzeichnungen hat in entgegenkommender Weise Prof. Dr. Marcell Restle aus München zur Verfügung gestellt.
Die Textabbildungen wurden mit großer Sorgfalt von Willy Rösinger aus Münster entworfen.

Frontispiz: Das Höhlendorf Avcilar im 19. Jahrhundert (Zeichnung von Ch. Texier)

Zur Aussprache des Türkischen

Anfang November 1928 hat Kemal Atatürk, der Begründer der modernen Türkei, anstelle der arabischen Schriftzeichen die lateinische Schrift eingeführt, die unter Verwendung einiger diakritischer Zeichen die Aussprache der Wörter recht genau wiedergibt. Abweichend vom Deutschen ist für die Aussprache folgendes zu beachten:

c dsch wie im englischen 'John'
ç tsch wie in 'Tscheche'
ğ 1. in hellvokalisierten Wörtern wie das deutsche j
   2. in dumpf vokalisierten Wörtern als gehauchter, kaum hörbarer Laut zwischen h und g
ı (i ohne Punkt) kurzes dumpfes e wie in 'Rose'
j wie weiches französisches j wie in 'Journal'
s scharfes ß wie in 'Riß'
ş sch
v w
y j
z stimmhaftes s wie in 'Rose'

ISBN 3-7031-0492-9

1. Auflage 1979

Gesamtgestaltung, Satz und Herstellung:
Grafische Verfahrenstechnik Layer,
7302 Ostfildern 2 bei Stuttgart
Farbreproduktionen:
Repro-Contact R. Wagner,
7302 Ostfildern 4 bei Stuttgart
Druck: Druckerei Ernst Klett, Stuttgart
Bindearbeiten:
C. Fikentscher KG., 6100 Darmstadt

Inhaltsverzeichnis

Skizze zur geographischen Lage der Kirchenlandschaft von Göreme im türkischen Hochland

Einführung

Mit seiner vielfältigen Landschaft und der Dramatik seiner Geschichte hat Anatolien seit der frühesten Antike viele Schriftsteller von Herodot über Xenophon, Plinius den Älteren und den Türken Evliya Çelebi bis zu den Reisenden der Neuzeit zu geographischer und historischer Darstellung gereizt. Aber im Gegensatz zu den malerischen Landschaftsbildern Italiens und Griechenlands, die in den Werken von Albrecht Dürer und Johann Wolfgang von Goethe in Verbindung mit der großen Vergangenheit eine romantisch idealisierte Darstellung gefunden haben, erweckte dieses Land zumeist keine Liebe auf den ersten Blick. Denn das Erlebnis Anatoliens hat mit dem romantisch verklärten Orient des West-östlichen Diwans von Goethe und der von Friedrich Rückert übermittelten orientalischen Dichtung wenig zu tun. Dichter wie Lord Byron haben zwar ihren Fuß auf anatolischen Boden gesetzt, doch geographisch wie geistig nur den Rand gestreift und das Land nicht verstanden. Wer aber einmal Anatolien bereist und intensiv erfahren hat, der sieht dieses Land in einem anderen Licht, lernt es zu verstehen und wird wiederkehren. Denn die weite anatolische Landschaft kann sich vielleicht nicht im Ausmaß, wohl aber in der Anlage mit den großartigsten Bildern aus Innerasien messen. Zugleich ist sie wesentlich stärker mit Zeugnissen der Vergangenheit gesättigt, so daß man auf Schritt und Tritt die Spuren einstiger Größe findet.

6

Im Inneren Anatoliens, wo noch das alte Herz der Türkei schlägt, liegt im weiten Hochland südwestlich von Kayseri, dem antiken Kaisareia, zwischen einsamen erloschenen Vulkankegeln das Tal von Göreme, eine der faszinierendsten und zugleich seltsam grotesk anmutenden Landschaften. Am Rande der menschenleeren Wüsten um den großen Salzsee und in der Vernichtungszone des Steppenvulkans Erciyas Dağı liegt dieses Gebiet, das die mittelalterlichen Karawanenwege nur am Rande streiften. Es ist auch heute trotz der modernen Asphaltbänder, die wie vom Lineal gezogen die Hochfläche zerschneiden, ein wenig abgelegen, aber dennoch gut zu erreichen.

Aus dem Norden gelangt man von Ankara kommend auf einer schnellen Überlandstraße, kurz nachdem die alte Brücke über den antiken Halys (Kızılırmak) passiert ist, nach Kayseri. Dieses bietet sich gut als Ausgangspunkt für Ausflüge in das Tal von Göreme an, wenn man nicht noch weiter in die Tuffsteinlandschaft vordringen will und Ürgüp oder Nevşehir als Standort wählt. Eine zweite gute Straße führt von Ankara mitten durch das Hochland am großen Salzsee vorbei nach Aksaray, wo eine kleine Landstraße nach Nevşehir und Ürgüp abzweigt.

Für den Reisenden aus dem Süden ist nach einer erlebnisreichen Fahrt entlang der reizvollen türkischen Südküste der geeignete Ausgangspunkt sicherlich das alte Tarsos, die Stadt des Apostels Paulus. Von hier führt die ausgezeichnete, aber stark befahrene Straße in gut ausgebauten Kehren ansteigend in 1050 m Höhe durch das grandiose Felsentor der Kilikischen Pforte (Gülek Boğazı) und die wildromantischen Felsenklüfte des Tauros ins Hochland hinauf. Doch sei hier angemerkt, daß seit dem Jahre 1977 die Hauptstraße auf einer neuen schnelleren Trasse den Engpaß der Kilikischen Pforte umgeht, wodurch diese zu einer einsamen, nur vom Rauschen des Flusses erfüllten Schlucht geworden ist. Wer heute die alte Paßstraße wählt, der kann wieder ungestört vom Lärm des Verkehrs vor der römischen Bauinschrift aus der Regierungszeit des Kaisers Caracalla verweilen, der Anfang des Jahres 217 die schmale Straße verbreitern ließ. Vor den Votivkreuzen, die fromme Pilger und mutige Kreuzfahrer in die Felswände des Gülek Bogazı eingehauen haben, mag der Reisende vor seinem inneren Auge die Schicksale der Menschen und Heere passieren lassen, die seit ältesten Zeiten über diesen Paß gezogen sind.

Nach einer längeren Fahrt durch das karge Hochland biegt schließlich nur wenige Kilometer vor Kayseri die Straße über Soğanlı und Şahinfendi nach Ürgüp, dem Fremdenverkehrszentrum Kappadokiens, und nach Göreme ab.

Wenn vom Tal von Göreme die Rede ist, so meinen wir damit im gleichen
Atemzug auch die Täler und Schluchten von Avcilar, Çavuşin, Ortahisar,
Üçhisar, Ürgüp und Zelve, aber auch die etwas weiter entfernten Täler von
Soğanlı in Richtung auf Niğde und von Peristrema östlich von Aksaray - ein
gewaltiges Gebiet, das noch längst nicht vollständig erforscht ist.

»Tal der Pyramiden«
bei Göreme

(Radierung von
P. Lucas, 18. Jh.)

Schon der erste Kontakt mit dem Tal von Göreme übt eine faszinierende
Wirkung aus. Aus der endlosen rötlichgelben Ebene steigen überall bizarre
Tufftürme empor, die von Wind und Wasser zu abenteuerlichster Form gestaltet sind. Der Ursprung dieser Landschaft in in frühester Zeit anzusetzen,
als der Vulkan Erciyas Dağı, der Argaios der Griechen und Mons Argaeus
der Römer, gewaltige Mengen von Asche auswarf, die sich an den Hängen
um den Krater festsetzte. Dann schliff und formte das Wasser die kompak-
ten Gesteinsmassen, fraß sich in die Aschenschicht hinein und gestaltete sie

8

zu einem großartigen Steinlabyrinth, in dem man auf den ersten Blick glaubt, sich verirren zu müssen.

Die vielfältigen bizarren Felsgebilde, denen der oft verwendete Ausdruck »Mondlandschaft« kaum gerecht wird, haben seit Jahrhunderten die Reisenden der westlichen Welt in Erstaunen versetzt. Der erste war Paul Lucas, der zu Beginn des 18. Jahrhunderts im Auftrag und auf Kosten des französischen Sonnenkönigs Ludwig XIV. den Orient bereiste. Er glaubte, in ein Land von Pyramidenbewohnern gekommen zu sein, und seine nach Versailles geschickten Berichte klangen so märchenhaft, daß auf diplomatischem Wege um eine Bestätigung bei der Hohen Pforte in Konstantinopel nachgesucht wurde. Erst dann flossen aus der königlichen Schatulle weitere Mittel.

Seither spricht aus allen Reiseberichten die Verzauberung, die die Landschaft von Göreme auf den Besucher ausübt. Ihr ist auch der Graf von Schweinitz erlegen, der im Jahre 1905 zu Pferde weite Gebiete Anatoliens durchstreift hat und uns mit seiner lebhaften Schilderung der Tuffsteinlandschaft in eine phantastische Welt entführt:

»Manche dieser Tuffgebilde weisen ganz unregelmäßige, oft sehr phantastische Formen auf, die in Verbindung mit der Färbung und der Beleuchtung dem Beschauer die wunderbarsten Gestalten vorgaukeln. Ähnlich, wie an manchen andern Stellen der Erde, hat die Natur hier allerhand bizarre Menschen- und Tiergestalten geschaffen, die aber durch ihr massenhaftes Auftreten einzig in der Welt dastehen. Von den Landesbewohnern wurden sie wegen dieser Ähnlichkeit ehemals für künstlich gehalten und den Ungläubigen zugeschrieben oder als Werke der Dämonen angesehen. Paul Lukas war vor 200 Jahren der erste Europäer, der diese Gebilde sah. Er zog damals mit einer Eingeborenenkarawane in großer Eile, teils in mondscheinheller Nacht durch das Land, ohne sich die Tuff-Felsen im einzelnen näher ansehen zu können. Einen packenden Eindruck muß die Gegend auf den Reisenden ausgeübt haben, und seine Beschreibungen und Zeichnungen sind infolgedessen vielleicht ein wenig zu phantasievoll ausgefallen. Überall erblickte er Menschenköpfe, Madonnen mit Kindern in den Armen, und in einer Mondscheinnacht sah er eine Prozession riesenhafter Mönche. Damals erregte seine Beschreibung großes Aufsehen in Europa, und man war geneigt, seine ganze Reise als ein Phantasiegebilde hinzustellen. So rätselhaft und vielleicht auch kindlich seine Beschreibungen und Zeichnungen wirken mögen, niemand, der jene Gegend betritt, wird sich dem Zauber, dem Paul Lukas unterlegen ist, entziehen können.«

9

Doch es ist nicht die Natur allein, die im Tal von Göreme fasziniert, vielmehr vereint sich die fremdartige Schönheit des Landes mit der Vielfalt und Eigenständigkeit seiner christlichen Kunstdenkmäler. Schon lange bevor ein verstärkter Zuzug von Christen im 7. Jahrhundert unter dem Eindruck der Arabereinfälle einsetzte, hatten Eremiten und Mönche diese zur Einsamkeit bestimmte Landschaft entdeckt. Anatolien wurde, religiös zu allen Zeiten fruchtbar, neben Syrien und Ägypten eine Heimat des östlichen Mönchtums. »Anatolische Staatsidee« nannte Johann Philipp Fallmerayer, der 1848 zur Versammlung in der Frankfurter Paulskirche gehörende Historiker, die unauflösliche Verschmelzung von Diesseits und Jenseits in einem theokratischen Reich unter einem apostelgleichen Kaiser, der neben sich nicht die Konkurrenz eines Papsttums dulden konnte.

Das Tal von Göreme diente über Jahrhunderte frommen Mystikern als Stätte der Andacht und Besinnung sowie den religiös verfolgten Christen als Zuflucht. Tausende von Gläubigen, die sich der Mönchsbewegung angeschlossen hatten und ein beschauliches Leben als Klosterbruder und Eremit führen wollten, konnten hier nebeneinander das Erlebnis der Einsamkeit und der christlichen Gemeinschaft finden. So ist es das große Verdienst des byzantinischen Christentums, in den Tälern um Göreme ein weitverzweigtes Gemeinwesen mit Kapellen, Kirchen und Klöstern, aber auch mit Eremitenklausen, aus dem Fels geschlagenen Wohnanlagen und sogar unterirdischen Städten geschaffen zu haben. In einer einmaligen Dichte begegnen uns hier alle Stilrichtungen der sakralen Kunst des byzantinischen Reiches in Kirchenarchitektur und Wandmalerei, von der sogar die sonst im Reich zerstörten Zeugnisse der Bilderstürmer erhalten sind.

Wenn heute das Tal von Göreme durch Asphaltstraßen und Hotels den Anschluß an die moderne Türkei gefunden hat und dem motorisierten Touristen offensteht, so sind an manchen Plätzen Stille und Einsamkeit verloren gegangen, doch konzentriert sich der Besucherstrom im wesentlichen auf das engere Tal von Göreme mit seinen vielfältigen Kirchen und Klosteranlagen. Die unübersehbare Steinwüste der weiteren Umgebung bleibt überwiegend unbeachtet, aber auch hier finden sich gleichermaßen faszinierende landschaftliche und kulturelle Denkmäler, die oftmals ein wenig in den Tälern und Schluchten versteckt von jedem Besucher neu entdeckt werden müssen. So darf das Tal von Göreme sicherlich als Paradies für Touristen mit den verschiedensten Interessen vom »Kunstkonsumenten« bis zum »Entdecker« bezeichnet werden, doch sollte man die Augen auch nicht vor den drohen-

10

Alte Brücke über den
Kızılırmak bei Kayseri
(Zeichnung von
Ch. Texier)

den Gefahren verschließen, die auf der Landschaft von Göreme und ihren
Kulturdenkmälern lasten. Erosion und vielfältige menschliche Eingriffe führen überall zu Veränderungen und sogar zu Zerstörungen. Daher ist es in
unserer Zeit unerläßlich, nicht nur Landschaft und Bauten als einmalig zu
begreifen, sondern auch zu ihrer Erhaltung beizutragen – eine Aufgabe, die
viele Merkmale einer Sisyphosarbeit aufweist und doch schnellstens in Angriff genommen werden muß.

Landschaft und Felsbauten

Mit der Bautätigkeit der frommen Einsiedler und christlichen Bewohner
ging die bis dahin vorherrschende morphologische Gestaltung des Tales von
Göreme durch vulkanische und erosive Kräfte in ein einzigartiges Zusam-
menwirken von Natur und Menschenhand über. Pyramidenkegel und ganze
Felswände wurden ausgehöhlt und in Wohn- und Vorratsräume, Kirchen,

11

Klöster und sogar Gräber umgestaltet, so daß wir überall auf deutliche Spuren der Lebensform der früheren Bewohner treffen. Kaum in einem anderen Gebiet unserer Erde läßt sich das Wechselspiel zwischen Natur und Menschenwerk eindrucksvoller fassen, da die Lebensweise und die Kultur der Menschen als landschaftsprägende Faktoren neben die natürlichen Kräfte treten. Und doch erweist sich die vulkanische Landschaft als nahezu übermächtig. Sie zwingt den Menschen zur Anpassung und bestimmt seine Lebensform, so daß er anstelle freistehender Bauten in einem Umkehrungsprozeß ins Negative seine Wohnungen aus dem Felsen herausarbeiten muß. Entsprechend der Umwelt finden wir daher verschiedene Stufen der Architektur von den gemauerten Bauten bis hin zur vorherrschenden Bauform der Höhlenbewohner. Wird die Landschaft des umliegenden Hochlandes von mächtigen byzantinischen Festungen, seldschukischen Karawansereien und Palästen geprägt, so suchen sich die Siedlungen in der Umgebung von Göreme in den tiefen, abgelegenen Schluchten mühevoll zu tarnen, wobei Kirchen und Wohnräume samt ihren Einrichtungen aus dem anstehenden Tuffgestein herausgearbeitet sind und nur über schmale Zugänge erreicht werden können. Sicherlich ist in dieser Unterwerfung unter die Natur neben der geographisch isolierten Lage des Tales von Göreme ein wesentlicher Grund dafür zu sehen, daß viele Täler dieser Felsenlandschaft unberührt die Ströme der Geschichte überstanden haben und nur von Wind und Wasser geformt auf unsere Zeit gekommen sind.

Die Entstehung des Tales von Göreme

Deutliche geographische Grenzen sind dem Tal von Göreme durch die vulkanischen Ketten zwischen dem Erciyas Dağı (3 916 m) im Osten und dem Hasan Dağı (3 253 m) im Südwesten gezogen, in die sich tief die Flußläufe und Becken des Kızılırmak in Norden, des Melendiz Suyu im Südwesten und des Mavrucan im Südosten eingeschnitten haben. Den Charakter dieser für den jüngeren Vulkanismus beispielhaften Landschaft kennzeichnet eine sonst selten zu findende Mannigfaltigkeit in Form und Farbe. Diese reicht von den im Hochsommer verschneiten Kratern und Hängen der Vulkane über die tief eingefressenen und zerklüfteten Talschluchten bis zu den unvermittelt aus dem Hügelland aufragenden Tuffkegeln und Felstürmen.

12

Blick von Kayseri auf
die Gipfel des Erciyas
Dağı
(Zeichnung von
Ch. Texier)

Die wichtigsten Voraussetzungen für dieses Wunder der Natur schuf der Erciyas Dağı, dessen mit ewigem Schnee und Eis bedeckter Kratergipfel die
Stadt Kayseri und das Tal von Göreme machtvoll überragt und dem Reisenden auf dem Weg nach Göreme schon von ferne ein sicherer Wegweiser ist.
Als einer der mächtigsten und zugleich am längsten tätigen Vulkane im Zentrum Anatoliens hat er mit seinen Ausbrüchen noch in geschichtlicher Zeit
den Grundstock für die bizarren Landschaftsformen um Göreme gelegt. Bei
wiederholten Eruptionen ergossen sich breite Lavaströme über die Hänge
und in die Täler, und in einer Ausdehnung von 15-20 km wurde das Land
von mehreren Tuffschichten unterschiedlicher Dicke und Festigkeit überla-
gert. Den vulkanischen Ausbrüchen folgte eine viele Jahrtausende lang ein-
wirkende Erosion, und nur dort, wo die oberste Lage der zusammengepreß-
ten Tuffdecke besonders gehärtet war, blieb die Oberfläche verhältnismäßig
glatt und eben. Das gilt vor allem für das Gebiet um den Hasan Dağı zwischen Aksaray und Niğde, in dem die Tuffschichten teils mit einer dünnen

13

Humusschicht bedeckt sind, teils als kahle Felsmassen zutage treten. Am Fuß des Erciyas Dağı im Gebiet von Göreme dagegen finden sich offensichtlich weichere Tuffschichten, die den Kräften der Erosion nicht so vielWiderstand entgegensetzen konnten, so daß die Einwirkungen von Wind und Wasser zu einer schnellen und starken Verformung der Oberfläche geführt haben. Beschleunigt durch die großen Gegensätze des anatolischen Klimas mit heißen Sommern und kalten Wintern, starken Regenfällen und langen Trockenperioden entstand so im Laufe der Jahrhunderte ein weitverzweigtes System von Einbruchstälern und jähen Schluchten.

Erstaunt verharrt der Reisende vor den besonderen Kennzeichen dieses zerklüfteten Gebietes, den phantastischen Gebilden der Tuffkegel und Felsentürme, welche die Abtragung überall in den Tälern und Schluchten, in den Ebenen und auf den Bergkuppen zurückgelassen hat. Eindrucksvolle Farben vermitteln diesem überwältigenden und zugleich verwirrenden Bild eine großartige Plastizität, nachdem der Oxydationsprozeß je nach der Gesteinsart zu unterschiedlichen Farbtönen geführt hat. Besonderes Interesse erwekken dabei das Violett der harten Andesite und das Ocker der flachen Hänge, die aus dem grellen Weiß der Talflanken und Tuffkegel und dem harten Schwarz der Basaltpfeiler warm hervorstechen.

Bei der Mannigfaltigkeit der Felsgebilde scheint es kaum möglich, auch nur die wesentlichen Erscheinungen in Kürze aufzuzeigen. Mit Abstand die häufigste Form ist die der Pyramide. Wie Zuckerhüte ragt die Mehrzahl der Felsen aus dem Erdboden hervor, doch finden sich auch Pyramiden mit so breiter Grundfläche, daß sie spitzen Zelten ähnlich sehen. Zuweilen erkennen wir kurze Pyramiden mit einem säulenartigen Unterbau, so daß diese Felsen Obelisken gleichen; auch die Nadelform ist vertreten und manchmal ragen so schlanke turmartige Pfeiler zum Himmel, daß man sich wundern muß, wie sie den Einflüssen der Jahrtausende haben Widerstand leisten können. Einzeln oder in Gruppen stehen diese Felsen da, an vielen Stellen zu Hunderten schon fast wieder eingeebnet. Oft berühren sich die Pyramiden an ihren Füßen oder lassen nur schmale Wege und kleine Plätze frei; an anderer Stelle wiederum gehen sie noch ineinander über und bilden wild aussehende Bergmassen mit zahlreichen Spitzen und Kuppen.

Alle diese Pyramidenkegel und Felstürme mit ihrem gefährdeten statischen Gleichgewicht haben sich nur dann bis in unsere Zeit gerettet, wenn noch die schützende Bedeckung durch einen massiven Felsblock oder eine feste Platte gegeben war. Fällt diese sichernde Haube, so setzt schnell eine fast totale

14

Abtragung ein. Mit der bewahrenden Decke dagegen haben sich sogar ganze Felswände erhalten wie die amphitheatralisch geformte Wand, die sich über dem Dorf Çavuşin erhebt. Hier wie an mehreren anderen Plateaurändern entstehen – durch Aushöhlung von Menschenhand begünstigt – unter dem nagenden Zugriff von Wind und Wetter bereits neue Formen. In den ausgespülten Wegen der Rinnsale, die in der Regenzeit herabströmen, zeigen sich bereits die Umrisse künftiger Pyramiden vorgebildet. Deutlich kann man sich vorstellen, wie nach weiteren Jahrtausenden hier freigespülte Felsen aufragen und sich neue Felsengärten ausbreiten werden.

An manchen Stellen wie im »Tal der Mönche« bei Zelve und im »Tal der Feenkamine« bei Göreme läßt sich im Gelände sogar die morphologische Abwandlung der Tuffreihe wie an einer Perlenschnur mit Formen von der einsetzenden vertikalen Zerlegung über die Bildung von Kegelgruppen und einzelnstehenden Kegeln bis zur endgültigen Nivellierung in der Talmündung deutlich verfolgen. Am Ende dieser Entwicklung schmelzen die Kegel nach Verlust der schützenden Deckplatte immer rascher dahin, oft kaum noch in ihrer Form erkennbar, so daß wir uns mit der ständigen Verformung und dem fortschreitenden Verfall dieser Traumlandschaft konfrontiert sehen.

Das Tal von Göreme, dessen Grundstein mit einem Akt vulkanischer Zerstörung gelegt wurde und das seine fremdartige Schönheit in weiterer Zerstörung durch die Erosion fand, ist heute im Begriff, seine Vollkommenheit

Die Entstehung der Tuffsteinlandschaft von Göreme

Vertikale Zerlegung   Gruppen von Felskegeln   Einzelne Felskegel   Einebnung

15

wieder zu verlieren. Denn die Erosionsverluste in der Vielfalt der landschaftlichen Formen können nur begrenzt durch Neubildungen ausgeglichen werden; die historischen Denkmäler und vor allem die großartigen Wandmalereien sind aber teilweise schon endgültig zerstört oder zumindest stark gefährdet. Jeder Windstoß, der eine Handvoll Sand gegen einen Tuffkegel schleudert, trägt dazu bei, daß unmerklich ein messerscharfer Grat abstumpft und eine formvollendete Felszacke gerade in diesem Moment abzubröckeln beginnt.

Neben die Erosion, die immer tiefgreifender und dynamischer verläuft und zu einer ernsten Bedrohung für die Naturlandschaft von Göreme geworden ist, treten neue Gefahren durch die menschliche Einflußnahme wie Industrialisierung, Städtewachstum, Straßenbau und Besucherstrom. Sonderformen wie die freistehenden Türme und Felsnadeln werden bald verloren sein. Nachdem die Menschen schon seit frühester Zeit diese Landschaft so beeindruckend gestaltet haben, sollte aber zumindest die Erhaltung der wertvollen Höhlenkirchen und deren Wandmalereien im derzeitigen Zustand mit den heute zur Verfügung stehenden technischen Mitteln durchaus möglich sein.

Siedlungsgeschichte

Von prähistorischen Zeiten an dürften die Täler und Schluchten von Göreme besiedelt gewesen sein. Schon die ersten Bewohner machten sich den bemerkenswerten Umstand zunutze, daß der Tuff von Göreme einerseits weich genug ist, um mit einfachen Werkzeugen Wohnhöhlen herauszuarbeiten, andererseits aber ausreichend stabil, um diese Höhlenwohnungen vor dem Einsturz zu bewahren. Darüber hinaus ist das Tal von Göreme nicht unfruchtbar gewesen. Allerdings wird man die oft geäußerte Vermutung zurückweisen müssen, daß auch das anatolische Hochland einst waldbedeckt gewesen und nur durch rücksichtslose Ausbeutung des Holzes entblößt worden sei. Als »waldloses Land« bezeichnete bereits Xenophon um 400 v.Chr. diese Gegend, und sein Ausspruch hat bis heute Gültigkeit. Dennoch ermöglichte die Fruchtbarkeit des feinen vulkanischen Bodens eine reiche Ernte an Wein und Südfrüchten.

Heute noch ist Göreme als vorzügliches Weinbaugebiet mit großen Keltereien in Ortahisar und Üçhisar über die Grenzen der Türkei hinaus bekannt.

Zudem bestellen die anatolischen Bauern überall zwischen den Felsen zusätzlich kleinere Obst- und Gemüseplantagen, die zum Teil künstlich bewässert und mit dem Guano der unzähligen, in den Felslöchern, Klöstern und Kirchen nistenden Tauben gedüngt werden.

Viele Höhlenwohnungen, Kirchen und Klöster dienen jetzt den Bauern und Stadtbewohnern als Keller, Vorratsräume und Viehstallungen, nur selten noch als Wohnungen. Es handelt sich dabei nicht etwa nur um die Höhlen einzelner christlicher Eremiten oder vorchristlicher Bewohner, sondern vielmehr um ganze Höhlendörfer und gewaltig ausgedehnte, unterirdische Stadtanlagen. Immer noch finden anatolische Bauern und Hirten versteckte Eingänge zu bisher unbekannten Höhlen und Schluchten, immer noch legen Archäologen neue Felskirchen und christliche Gräber frei, ohne daß ein Ende dieser Funde abzusehen wäre.

Die unzähligen Tuffkegel und auch die steil aufragenden Tuffwände, die die Schluchten einschließen, sind von Höhlenwohnungen geradezu durchlöchert. Massenhaft, oft in fünfzehn und mehr Etagen übereinander, liegen hier die menschlichen Behausungen. Einzelne, mehrstöckig ausgehöhlte Felskegel wie bei Avcilar waren vielleicht dafür ausgewählt, den erhöhten Lebensansprüchen einer reichen Familie gerecht zu werden. Den ärmeren Bevölkerungsschichten dürften die in vielen Stockwerken ausgehöhlten Schluchtenwände mit zumeist kleinen Wohnkammern vorbehalten gewesen sein, in denen sich die Bewohner zusammendrängten wie in den Mietskasernen moderner Großstädte.

Da exakte archäologische Untersuchungen fehlen, bleibt unsicher, seit wann dieses Gebiet besiedelt gewesen ist. Vereinzelte steinzeitliche Funde geben die ältesten Hinweise. Wir müssen aber annehmen, daß die Bevölkerungsdichte sehr gering gewesen ist, wie auch noch unter der hellenistischen Königsdynastie und unter den Römern, die im Jahre 17 n. Chr. Kappadokien zur Provinz erklärten. Die römische Herrschaft hat Land und Leute nur in geringem Maße latinisiert, zumal sie sich zunächst im wesentlichen auf die Kontrolle der wenigen Städte wie Kaisareia (Kayseri), Nagidos (Niğde) und Archelais (Aksaray) sowie der Heerstraßen und Handelsbeziehungen beschränkte. In diesen Städten haben sich nur wenige bedeutende Bauten der griechisch-römischen Zeit als Ruinen erhalten, der Verlauf der römischen Straßen aber läßt sich im Hochland lückenlos nachweisen. Zwei Straßen führten durch das Gebiet von Göreme: einmal von Ankyra über Soandos (Nevşehir) am Osthang des Hasan Dağı entlang nach Nagidos und von dort

über Tyana und durch die Kilikische Pforte nach Tarsos, zum anderen von Kaisareia über Soandos nach Archelais und von dort auf zunächst unbekannter Trasse weiter nach Westen.

Diese Routen dürften im wesentlichen der byzantinischen Trassenführung entsprochen haben, als es im 7. Jahrhundert zu einem erheblichen Bevölkerungsaufschwung im Tal von Göreme kam, nachdem erste Gemeinschaften christlicher Mönche dort schon zur Zeit des Konzils von Chalkedon im Jahre 451 belegt sind. Dieser verstärkte Zuzug der Christen in die Unzugänglichkeit des Gebietes von Göreme und in den Schutz der unterirdischen Stadtanlagen erfolgte in der Not der Perser- und Arabereinfälle.

Zu dieser Zeit wohnte ein Großteil der Bevölkerung in den Städten der Hochfläche um Göreme, die durch ein Netz von Heerstraßen mit Kastellen und Wachttürmen miteinander verbunden waren. Im unwegsamen Hinterland dieser Städte aber bildeten sich in diesen Notzeiten immer mehr Felsen-

Das Tal von Göreme (Zeichnung von Ch. Texier)

18

dörfer und Höhlenstädte, von denen Korama (Göreme), Matiana (Maçan/Avcilar), Soandos (Soğanlı) und Peristrema (Belisirama) kurz nach 600 erstmals in der Literatur Erwähnung finden. Die Sicherheit und Fruchtbarkeit der Täler um Göreme haben weltliche Gemeinwesen ebenso angezogen wie Mönche und Eremiten, die in den Höhlenwohnungen und unterirdischen Zufluchtstätten den Verfolgungen der Römer und Araber ausweichen konnten und auch die Verhöre und Folterungen der dunklen Jahre des Bilderstreites überlebten.

Darüber hinaus kam die bizarre formenreiche Landschaft in ihrer bestürzenden Farbenpracht dem Mystizismus vieler früher Christen entgegen, die in ihrem Verlangen nach Askese und Weltflucht in den Klausen, Klöstern und Kirchen dieser verlockenden und fremdartigen Landschaft der Erosionstäler Erfüllung zu finden glaubten.

Parallel zur offensichtlichen Verweltlichung der Kirche wurde dieser Hang zur Abkehr von der Welt und zum Einsiedlerleben immer stärker. Scharen von Gläubigen zogen in die Einöden Anatoliens, Syriens und Ägyptens, bedrängten die Eremiten, erflehten ihren Segen und suchten, von ihnen das rechte Leben zu lernen. Kein geringerer als Gregor von Nazianz, dem die Einsamkeit das Glück der ungestörten Gemeinsamkeit mit gleichgesinnten Glaubensbrüdern vermittelt hat, besingt in einer seiner Hymnen das einfache, gottesfürchtige Einsiedlerleben:

»Die selbstgewölbte Wohnung von Felsen soll dich bergen
Und schlichtes Werk der Stunde, wenn nottut sich zu mühen,
Ein Kleid nach rechtem Schnitte vom Haare der Kamele.
Zur Streu nimm, was sich bietet: Kräuter und Zweige dienen
Zum purpurnen Gelege, das gern der Gäste wartet.
Und dort wird auf dem Tisch dir süßduftend aufgetragen,
Was uns die liebe Erde an schlichten Gaben bietet.«

So überrascht es nicht, daß die Bewohner dieser Rückzugsgebiete eine vielfältige und zugleich verwirrende Bautätigkeit entfaltet haben. Ihre verschachtelte, oft an ein Labyrinth erinnernde Bauweise, die weite Ausdehnung der Höhlenanlagen und die ständige Berücksichtigung von Sicherheitsfragen prägen die Entwicklung des Tales von Göreme von einer unberührten Naturlandschaft zu einer byzantinischen Wohn- und Kunstlandschaft. Stellvertretend für eine Vielzahl von Reise- und Forschungsberichten soll uns eine kurze Schilderung des deutschen Archäologen Ludwig Budde die verwickelte innere Struktur dieser Höhlenanlagen vor Augen führen:

»Die Felswände und Pyramidenkegel wurden ausgehöhlt, in Behausungen, Gräber, Klöster, Kapellen und Kirchen umgewandelt. Die kleinsten Pyramidenkegel enthalten meist nur eine einzige Klause, die größeren mehrere, in Etagen übereinander angelegte Behausungen, deren Luft- und Lichtlöcher bis zur Spitze hinaufreichen. Im wechselnden Licht des Tages und der Abenddämmerung haben die so entstandenen Gebilde oft etwas Gespensterhaftes und Unwirkliches. Bei vielen dieser Anlagen sind Teile der Außenwände im Laufe der Jahrhunderte weggebrochen, so daß heute ganze Partien des Inneren freiliegen. Fast alle Räume und Zellen sind nur mit mühevoller Kletterei erreichbar. Durch ein kompliziertes System von niedrigen, versteckten und leicht versperrbaren Eingangslöchern mit unbequemen Treppen, von Durchgängen und Öffnungen, die man nur gebückt durchkriechen kann, durch meterhohe Steigschächte, bei denen Trittstufen in den Wänden den Aufstieg ermöglichen, über immer neue Wendelsteige hinweg und durch enge und engste Durchschlüpfe kriechend, kann man schließlich die einzelnen Klausen erreichen. Heute, da nur noch die nackten Wände der Zellen mit ihren aus dem Stein herausgeschnittenen Nischen, Sitz- und Liegebänken zu sehen sind, wirken diese Wohnräume weit einfacher und bescheidener, als sie es zur Zeit der Benutzung durch die Eremiten gewesen sein werden.«

Diese Eremitenwohnungen mit spärlichster Ausstattung − Feuerstelle, Tisch und Schlafbank − und noch viel bescheidenere Klausen finden wir als häufigste Siedlungsform. Zusammen mit Klöstern und Kirchen kennen wir allein im eigentlichen Tal von Göreme über 400 solcher Anlagen. Daneben lebte eine große Zahl von Mönchen in Klostergemeinschaften und sogar ein Nonnenkloster glaubt man in einem Felsenkomplex am Taleingang von Göreme vermuten zu können, der von der Bevölkerung Kızlar Kalesi (Mädchenburg) genannt wird. Alle einzelnen Wohnkegel, die größeren Wohnanlagen und die Felsendörfer sind in ein dichtes Netz von Fußwegen eingeflochten, die von den Wohnungen und Dörfern zu den Arbeitsplätzen in den Gärten und Plantagen, zu den Lagerräumen und den Ölpressen sowie zu den abgelegeneren Klöstern und Einsiedeleien führen.

Wie viele Menschen in der phantastischen Höhlenwelt von Göreme gelebt haben, läßt sich kaum annähernd abschätzen. Zwar findet sich in der Literatur immer wieder die antiken Quellen entnommene Bevölkerungszahl von

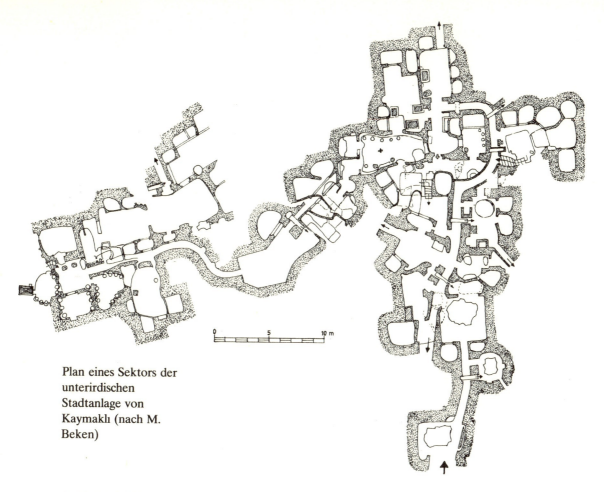

Plan eines Sektors der
unterirdischen
Stadtanlage von
Kaymaklı (nach M.
Beken)

300 000 für ganz Kappadokien, wovon etwa 30 000 als Mönche und Einsiedler in der unzugänglichen Tufflandschaft gelebt haben sollen, doch muß
nach der Entdeckung neuer Höhlensysteme und unterirdischer Städte seit
1960 zumindest die letzte Zahl erheblich höher angesetzt werden. Allein die
labyrinthische Unterpflasterstadt von Özkonak, ungefähr 10 km nordöstlich
von Avanos, bot annähernd 60 000 Menschen Zuflucht, während die unterirdischen Städte bei Derinkuyu, Çardak und Kaymaklı jeweils noch 15 000
bis 20 000 Menschen aufnehmen konnten. Weitere 10 000 Siedler glaubt
man in dem östlich davon gelegenen Höhlengebiet von Yeşilhisar ansetzen
zu können, obgleich die Wohnanlagen in diesem wüsten Tal ebenso wie die
unterirdische Stadt von Özkonak bei weitem noch nicht vollständig erforscht
sind.

Hinzu kommen noch die berühmten Mönchssiedlungen von Göreme, die
Wohnhöhlen von Ürgüp, Ortahisar und Üçhisar sowie die teilweise bis in un-
sere Gegenwart bewohnten Höhlensysteme von Avcilar und die gewaltige
Felswand von Çavuşin. Nicht vergessen werden soll in diesem Zusammen-

hang das langgestreckte Tal von Zelve, das durch eine schmale Felswand in zwei Hälften geteilt wird; hier bewohnten in friedlichem Nebeneinander bis in das 15. Jahrhundert hinein Christen und Mohammedaner je eine Talhälfte. Erst im Jahre 1952 wurden die letzten Bewohner der Höhlen von Zelve wegen der Einsturzgefahr von der türkischen Regierung zwangsweise in das in unmittelbarer Nähe neu errichtete Dorf Zelve umgesiedelt, nachdem die letzten orthodoxen Griechen im Rahmen des Bevölkerungsaustausches zwischen Griechenland und der Türkei nach dem türkischen Freiheitskrieg bereits im Jahre 1923 Ürgüp und Göreme verlassen hatten. Auf diese Weise endete erst in unserer Zeit die gut zweitausendjährige Tradition der Besiedlung der unterirdischen Städte, ausgehöhlten Felspyramiden, durchlöcherten Tuffkegel und Felswände in den Tälern von Göreme, die heute durch den immer größer werdenden Besucherstrom aus aller Welt zu neuem Leben erwacht sind.

Felsendörfer und Höhlenstädte

Es ist naheliegend, daß die Anlage der Felsendörfer und Höhlenstädte ganz wesentlich von der Ortswahl bestimmt worden ist, indem entweder freistehende Häuser errichtet werden konnten oder die Wohnungen aus dem anstehenden Gestein herausgearbeitet werden mußten. In beiden Techniken des Bauhandwerkes wird sich in byzantinischer Zeit über Jahrhunderte kaum etwas geändert haben, was uns für die Felsenbauten die Spuren der Spitzhacke in den Tuffwänden von Anlagen aus den verschiedensten Epochen bestätigen. Wahrscheinlich aber haben die frühesten Bewohner und ersten Mönche von Göreme zunächst einmal nur in den vielen natürlichen Höhlen gelebt. Erst in einer späteren Phase, als neue Siedler in die Täler von Göreme strömten und eine Erweiterung der Lebensbedürfnisse des Einzelnen sich bemerkbar machte, dürften sie ihre Behausungen sowie die Kult- und Wirtschaftsräume systematisch in vor Überschwemmungen gesicherten Hochlagen aus dem weichen Fels ausgehöhlt haben.

Kaum läßt sich das Geflecht dieser vielfach miteinander verbundenen Höhlen entwirren. Oft glaubt man, in einer geschlossenen Wohneinheit für eine Familie zu stehen, doch dann ist es im Gewirr der Gänge, Räume und Treppen vielfach nicht möglich, das Ende einer solchen Wohnung zu bestimmen. Im allgemeinen begnügte man sich damit, die Wohnräume vollständig aus dem anstehenden Tuffgestein herauszuarbeiten. In der großen Felswand von Çavuşin und in den Tälern von Zelve finden wir aber zudem noch umfangreiche Maurerarbeiten zur Erweiterung dieser Felsräume und zur Anlage notwendiger Stützmauern.

Der verwirrenden Architektur einzelner Wohnanlagen entspricht vielfach die unüberschaubare Anlage der Dörfer, wofür wir als bestes Beispiel das Felsmauerdorf Zelve heranziehen können. Am Fuße und im Inneren von mehreren mächtigen Tuffwänden, die in Richtung auf die Ebene von Avanos zusammenlaufen, ist dieses langgestreckte Dorf in verschiedenen Höhenlagen und in einem Gewirr von Pfaden, Stiegen, Galerien, Klausen, Wohnanlagen, Kirchen und Taubenschlägen aus den senkrecht aufsteigenden Felswänden herausgeschnitten. Gewaltige Felsabbrüche und neue Klippenbildungen gewähren heute dem Besucher wie bei einem zeichnerischen Querschnitt aufschlußreiche Einblicke in viele dieser Höhlen und Gänge.

Ein Beispiel für eine besonders harmonische Einfügung der menschlichen Siedlung in die Landschaft ist das Kegeldorf Avcilar. In den isoliert oder in kleinen Gruppen aufragenden Felskegeln fanden die frühen Bewohner nicht nur die Möglichkeiten zum Bau von geräumigen Einzelwohnungen, sondern sie konnten auch ihre Vorstellungen von einem Gemeinschaftsleben in kleinen Wohngemeinschaften in die Wirklichkeit umsetzen. Im Inneren dieser Kegel begegnen uns zumeist quadratische Wohn- und Lagerräume in verschiedenen Stockwerken und mit mehreren Eingängen. Das Untergeschoß blieb im allgemeinen den Werkstätten und den Stallungen vorbehalten, denen ein ummauerter Auslauf für das Vieh vorgesetzt ist. Die Wohnkegel umgeben in gelockerter Form einen weiten freien Platz, dessen Funktion als Mittelpunkt dieses Dorfes an den umgebenden Magazinen und Bauten für öffentliche Einrichtungen erkennbar wird.

Außer dem Felsmauerdorf und dem Kegeldorf haben wir im Gebiet von Göreme mit dem Burgdorf noch einen weiteren Siedlungstyp, den wir am ausgeprägtesten in Ortahisar und Üçhisar finden. In diesen Siedlungen klettern die Wohnungen über die steilen Hänge des zentralen Hügels bis in große Höhen hinauf und erwecken so von ferne den Eindruck einer mit Türmen bewehrten Burg. In Ortahisar zeigt uns das verzweigte, mehrfach den Hügel umspannende Wegenetz auf jedem Niveau die Lage der Wohnungen an, die über die steilen Hänge des »Burgberges« verstreut eingelassen sind. Am Fuße des Hügels laufen die Wege und Gassen an dem von Magazinen und öffentlichen Gebäuden umstandenen Dorfplatz zusammen.

Die aus dem Tuffgestein geschnittenen Wohnungen in Ortahisar und Üçhisar werden fast alle durch vorgezogene, aus Steinblöcken errichtete Räume erweitert, deren Fassaden oft mit interessanten Skulpturen und Ornamenten geschmückt sind. Im übrigen sind in diesen beiden Dörfern heute noch die Ställe und Vorratsräume in den Fels eingelassen, und auch das »bewegliche« Mobiliar der Wohnungen wie Regal, Tisch, Herd, Stühle und Vorratsbehälter ist aus dem anstehenden Gestein geschlagen. In Zelve finden wir als Aufhängung für einen großen Stallschlüssel sogar ein passendes Schlüsselnegativ in die Tuffwand eingearbeitet.

In dieser Umgebung fügen sich natürlich auch die vielen Taubenschläge, die wir sonst im Orient meist als freistehende Türme kennen, nahtlos in die Felsenwelt ein. In Soğanlı ist eine mehr als 1000 qm messende Tuffwand bis in schwindelerregende Höhen von unzähligen Nistplätzen durchsiebt, während in Avcilar und Zelve die Nisthöhlen und Fluglöcher – vielleicht um die Vögel anzulocken und ihnen als Orientierung zu dienen – mit sich deutlich vom hellen Mörtel abhebenden einfachen Schmuckformen versehen sind. In Çavuşin schließlich hat sich bis auf den heutigen Tag eine gewaltige Taubenschlaganlage als teilweise gemauerte Monumentalfassade erhalten, die durch Reihen von Blendarkaden untergliedert ist. Diese Bauten belegen die ungeheuren Anstrengungen, die die Menschen in den Tälern von Göreme unternahmen, damit ihnen die Tauben den für die Landwirtschaft in den Felsengärten notwendigen Dung in ausreichenden Mengen »frei Haus« lieferten.

Die größten Siedlungen im Gebiet von Göreme sind gleich den endlosen Katakomben Roms vollständig in die unterirdischen Tuffschichten eingegraben, und wir dürfen die erst in den letzten Jahrzehnten entdeckten Höhlensysteme bei Derinkuyu, Çardak, Kaymaklı und Özkonak, die jeweils zwischen 15 000 und 60 000 Menschen Zuflucht boten, im Gegensatz zu den bisher behandelten dörflichen Siedlungen wohl mit Recht als Höhlenstädte bezeichnen. Die anatolischen Bauern berichten noch von weiteren Dorf- und Stadtanlagen in der Tiefe, die mit Tunnels untereinander verbunden seien. Jedoch selbst in der Untersuchung der wenigen bereits bekannten Höhlenstädte steht die archäologische Forschung wegen des schwierigen Zugangs und der ständigen Einsturzgefahr erst am Anfang. Immerhin liegen uns aber in der Zwischenzeit von dem türkischen Architekten Münbin Beken Pläne einzelner Stadtteile vor, die sich in Verbindung mit einer Schilderung der unterirdischen Anlagen zu einem eindrucksvollen Bild der letzten Zufluchtsstätten der Bevölkerung Kappadokiens zusammenfügen.

24

Halbdunkle Gewölbe, in denen sich das spärliche Licht am bemoosten Tuffstein bricht, und stickige Luft, die trotz komplizierter Belüftungsschächte durch die Höhlenanlagen zieht, versetzen den Besucher, noch geblendet durch das gleißende Sonnenlicht der anatolischen Steppe, in mythische Vorzeit. Minoische Erzählungen, Berichte und Bilder christlicher Katakomben werden wach und stellen den Betrachtenden in eine andere, ihm ungewohnte Umwelt. Zwischen Niğde und Nevşehir tritt er in Derinkuyu und Kaymaklı ein in eine Zeit, die ihm eine Wanderung durch das Labyrinth von Gängen, Wohnungen und Versorgungsanlagen lebhaft vor Augen führt. Ergänzte und nachempfundene Einrichtung der Wohntrakte zeigt dem Betrachter dieser »Freilichtmuseen« das Leben früherer und unsicherer Zeiten. Phantasie läßt im Dämmerlicht huschende und geschäftige Gestalten auferstehen, so daß vor dem Besucher das Treiben und die Existenz ganzer Stadtgemeinschaften in den Tuffsteinhöhlen und deren acht bis zehn Stockwerken wach werden. Die Anlagen sind verbunden durch ein System enger und niedriger Tunnels. Regelrechte Straßenkreuzungen, Nischen und begradigte Naturhöhlen zeigen den architektonischen Sinn der Bauherrn, die bis an die Grenze der Möglichkeit und Zumutbarkeit des Tuffsteinmaterials ihre Städte in den Felsen gegraben haben. Überlegungen zur Verteidigung in der Gefahr schaffen Möglichkeiten, den Gegner am Eindringen in die »Unterwelt« zu hindern. Sanftes Gefälle zur Straße hin soll bereitgelegte Felsblöcke leichter in den Höhlengang schaffen lassen, um den Durchgang zu verwehren. Abstellplätze und Nischen für Nahrungslager sowie Erdlöcher für Wasserbehälter, die aus Grundwasserbrunnen gespeist werden, liefern Überlebensmöglichkeiten in solchen Notzeiten. Die Belüftung wird durch Luftschächte gewährleistet. Diese Tatsachen lassen auf fast uneinnehmbare Stadtanlagen schließen, da der Gegner dieser autarken Selbstversorgung kaum mit Aushungerung und »biologischen« Kampfmitteln, wie Brunnenvergiftung und den daraus resultierenden Seuchen, beikommen kann. Die Bewohner der Höhlenanlagen sind auf einen Kampf in der Erde eingestellt.

Wie mag nun das antike und byzantinische Leben in diesem Untergrund ausgesehen haben? Einen anschaulichen Bericht über die Lebensverhältnisse in ähnlichen unterirdischen Städten verdanken wir dem griechischen Historiker Xenophon, der an dem berühmten Zug der Zehntausend nach Persien teilnahm und im Frühjahr des Jahres 402 v. Chr. über Ikonion (Konya) und Dana das kappadokische Hochland durchquerte. Wenn auch sein Bericht in der »Anabasis« vom Rückzug des Heeres durch Armenien zum Schwarzen Meer

33

Das »große Taubenhaus«
mit der Kirche des
Nikephoros II.
Phokas in Çavuşin

stammt und von kaukasischen Höhlendörfern die Rede ist, dürfen wir nach
Anlage und Ausstattung der kappadokischen Höhlenstädte in den Tälern
von Göreme ganz ähnliche Verhältnisse erwarten:

»Die Wohnungen dieser Dörfer lagen unter der Erde. Ihr Eingang glich einem Brunnenloch, aber innen waren sie geräumig. Die Haustiere lebten ge-
sondert in eingetieften Stallungen, zu denen die Leute auf Leitern hinabstie-
gen. Sie hielten Ziegen, Schafe, Kühe und Geflügel samt Jungtieren und füt-
terten ihr Vieh ausschließlich mit Heu. In großen Schalen bewahrten sie Ge-
treide, Reis, Hülsenfrüchte und Gerstenwein auf, und in den Weinbehältern
konnte man die Gerstenkörner noch am Rande schwimmen sehen. Hier
schwammen auch verschieden lange Strohhalme ohne Knoten, und wenn jemand Durst hatte und trinken wollte, saugte er sich damit etwas heraus. Der
Gerstenwein hat einen hohen Alkoholgehalt und sollte daher vor dem Trinken mit Wasser verdünnt werden; doch wenn jemand einmal daran gewöhnt
ist, ihn pur zu trinken, so kann er den Geschmack voll genießen.«

Die enge Verbundenheit der kappadokischen Siedlungen ist ganz wesentlich von den vielfältigen Formen des vor allem von Mönchen geprägten Gemeinschaftslebens beeinflußt, das in sehr differenzierter Weise seinen Ausdruck in der Höhlenarchitektur gefunden hat: Wohnanlagen für Mönche und Eremiten, Räume für geistliche Studien und asketische Besinnung, Klöster und Klausen für Anachoreten sowie Abendmahlssäle, Kirchen und Wallfahrtsziele. So haben die der Lehre des Evangeliums verpflichteten Gemeinwesen vielleicht die tiefsten Spuren in der unberührten kappadokischen Landschaft hinterlassen, die ihrem inneren Verlangen nach Andacht und Beschaulichkeit weitgehend entgegenkam. Prediger und Mönche glaubten, in den Tälern von Göreme jenes gesuchte utopische Land gefunden zu haben, in dem sich eine gesellschaftliche Erneuerung durchführen ließe und neue Verbindungen vom Menschen zu seinem Schöpfer möglich schienen. Von daher kann die Rolle Kappadokiens für die Verbreitung des Christentums nicht hoch genug eingeschätzt werden, indem hier nicht nur die christliche Lehre in ihrer geistigen Ausformung unschätzbare Impulse erhielt, sondern auch die ideale Verknüpfung von geistlichem und weltlichem Leben vorgelebt wurde.

Wesentliche Elemente dieses neuen Lebensstils können wir aus einer Reihe fast unversehrt bewahrter Felsensiedlungen erfahren. Unter diesen kann das »Tal der Mönche« bei Zelve als besonders charakteristisch bezeichnet werden, in dem auch der in byzantinischer Zeit von Eremiten bewohnte St. Simeon-Kegel liegt. In den umliegenden Felskuppen lebten die Mönche in kleinen Zellen, während die größeren Räume einiger zentraler Kegel den Zusammenkünften und Gemeinschaftsarbeiten vorbehalten blieben. Im St. Simeon-Kegel befindet sich im Erdgeschoß eine mit reichen Malereien versehene Kapelle, darüber erstreckt sich in zwei Stockwerken die geräumige Eremitenwohnung. Altar und Apsis der Kapelle sind ebenso aus dem Stein gehauen wie die gesamte Wohnungseinrichtung bis hin zu den steinernen Kopfstützen der Schlafplätze. Die inschriftliche Anrufung des Heiligen Simeon, des wohl berühmtesten Säulenheiligen Syriens, hat in byzantinischer Zeit dem Klausner stets das große Vorbild seines asketischen Lebens vor Augen geführt und heute dieser Anlage ihren Namen gegeben.

Wie sich in den Türmen der gotischen Kathedralen der Stufenkosmos des mittelalterlichen Weltbildes zeigt, so schlagen sich in den Felsenanlagen von Göreme das Weltbild der Eremiten und Mönche und ihre fromme Lebensweise in Askese und geistiger Entrückung nieder. Der Schriftsteller Rudolf Fahrner entwirft für den heutigen Leser ein Bild vom Leben und Treiben vergangener Zeit, in der mystisches Erleben und irdisches Dasein zu einer Einheit verschmelzen: »Man denkt sich diese weltentsagenden und doch schon wieder eine neue Welt sich bauenden und schmückenden Kinder der Erde in ihren Küchenhöhlen an den Kochgruben und Kaminen, in ihren Speiseräumen – lange, schmale Tische mit umlaufenden Bänken sind aus dem Stein geschachtet und eine Vorschneidemulde für den Oberen, der in einer Apsis sitzt, ist vor ihm in das abgerundete Ende des Tisches gemeißelt. Neben dem Tisch Traubentrete und Mostgrube. Man denkt sie in ihren Felsgehegen, großen am Boden der Täler und kleinen in allen Höhenlagen um

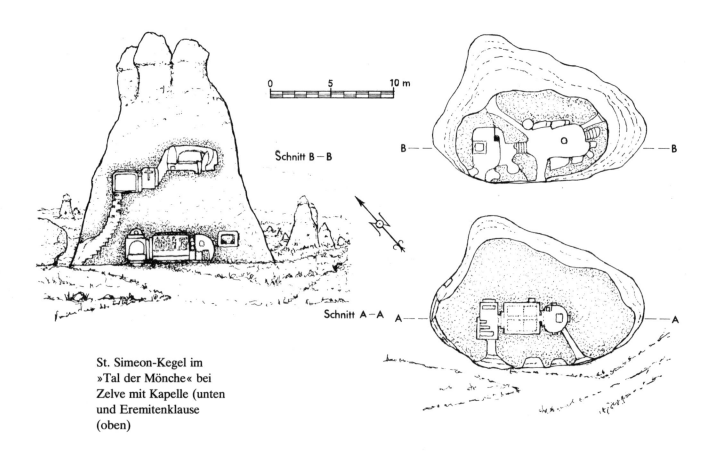

Schnitt B – B

Schnitt A – A

St. Simeon-Kegel im »Tal der Mönche« bei Zelve mit Kapelle (unten und Eremitenklause (oben)

die Höhlen, im sauberen Sandboden Wein und Gartenfrüchte sich ziehen und leicht in den Felskammern bewahren, denn in diesem feuergeläuterten Boden gibt es keine Fäulnis. Man denkt sie sich, wie sie willig die Leibesbürde abwerfen und wie der Bruder den Bruder unter den Schwellen und in den Vorhallen der Kapellen bestattet in bescheidenen, in den Fels gehauenen Truhen.

36

Aus dem alles durchdringenden Licht tritt man mit Lust in den tiefen Schatten der Höhlen, die milde erhellt sind vom Widerschein des Sandbodens vor dem Eingang oder benachbarter Wände, und man meint das Glück zu fühlen, das die Siedler lockte: die klare Stille, das Ringsumschlossensein, das Wohnen im Berge. Schwindet aber das Licht oder wechselt der Mond mit den Wolken, so sprechen die Geisterfelsen ihre andere Sprache. Waren sie in der Helle aufdringlich körperhaft, jetzt sind sie fahle Schemen. Waren im Licht Wand und Schlucht, Turm und Terrasse kühn gestaffelt, jetzt tauchen sie unbestimmbar, unfaßbar auf aus dunklen Abgründen und sinken ab ins Bodenlose, und nun meint man zu fühlen, was hier an Bußen durchlitten, an Kämpfen mit den neu entfesselten Dämonen der Erde durchgerungen wurde.«

Obwohl sich in den zerklüfteten Tälern von Göreme zahlreiche, eng begrenzte Naturräume zur Aufnahme von Klostergemeinschaften und als Treffpunkt der Einsiedler eines engeren Umkreises anbieten, ist es bislang nicht gelungen, nähere Aufschlüsse über Ausdehnung und Organisation dieser Klöster zu bekommen. Das gilt für das ausgezeichnet erhaltene Archangelos-Kloster bei Cemil ebenso wie für den weitläufigen Klosterkomplex von Açıksaray mit seiner hübschen architektonischen Fassadengestaltung, die großen Klöster von Selime westlich des Tales von Peristrema, das mehrfach umgebaute Kloster von Eski Gümüş bei Niğde und die von armenischen Christen angelegten Klosterbauten von Halaşdere bei Ortahisar. Nirgendwo wird bei der großen Zahl der verstreut im Gelände liegenden Kirchen, Kapellen, Klausen, Wohnanlagen und Friedhöfe eine funktionelle Beziehung zueinander oder zu einem Klosterkomplex deutlich.

Das bekannteste und zugleich größte Zentrum der Mönche Kappadokiens ist Göreme, dessen byzantinischer Name Korama durch die Schriften des Heiligen Hieronymos überliefert ist. Dieser Name steht für eine einmalige Konzentration von Höhlenkirchen und Felsenklöstern, die zugleich zu den eindrucksvollsten und kunstgeschichtlich bedeutendsten Denkmälern des christlichen Mittelalters in Kleinasien zu rechnen sind. Aus der Richtung von Avcilar kommend durchquert die moderne Straße zunächst ein Seitental, in dem nach einem kurzen Fußmarsch die Saklı Kilise und die Kapelle El Nazar zu erreichen sind, und führt in einem leichten Bogen durch die Sohle des »Tales der Feenkamine«. Linkerhand passiert sie zwei Kirchenkomplexe mit so berühmten Anlagen wie der Tokalı Kilise, Kılıçlar Kilise und Meryemana Kilise, deren Innenräume vollständig mit einmaligen und ausgezeichnet erhaltenen Gemälden überzogen sind, und erreicht schließlich nach einem leichten Anstieg den Talkessel von Göreme. Schroff aufragende und zerklüftete Steilfelsen säumen in einem weiten Halbrund das leicht gewellte Tal, dessen grün bewachsener Boden sich kontrastreich gegen die von Menschenhand ausgehöhlte und mit Treppen und Gängen begehbar gemachte Tuffsteinlandschaft abhebt. Überall in diesem Tal und zwischen den einzeln aufragenden Wohnkegeln, die den Taleingang zu bewachen scheinen, sind die verzweigten und fächerartig angelegten Behausungen aus dem Fels geschlagen. Auch hier begegnet der Besucher auf Schritt und Tritt der durch Zeiten der Gefahr geprägten Architektur, die den Zugang zu den Innenräumen oft nur über steile Felstreppen und verwinkelt angelegte Gänge erlaubt, die oft mehrfach durch mächtige Felsblöcke versperrt werden konnten.

Der Felskessel von Göreme beherbergt aber nicht nur die Zweckbauten der Mönchsniederlassung wie Wohn- und Schlafräume, Küchen und Refektorien, Vorratsräume für die Feldfrüchte und Wasserspeicher, sondern ist in erster Linie durch seine Vielzahl von reich mit Malereien versehenen christlichen Kultstätten bekannt geworden. Diese sind am Fuße der halbkreisförmigen Tufformation auf unterschiedlichem Niveau im Felsen angelegt — zumeist hinter ein- oder zweistöckigen, mit Arkaden und geometrischer Malerei geschmückten Säulenhallen, die heute oft ausgebrochen sind wie bei der Karanlık Kilise.

In diesem dichten, manchmal etwas überladen wirkenden Kirchen- und Klosterzentrum, das als geistiger Mittelpunkt des kappadokischen Mönchtums im 10./11. Jahrhundert eine großzügige Ausgestaltung erfährt, ist natürlich von der bereits angesprochenen räumlichen und funktionellen Verflechtung des geistlichen mit dem bäuerlichen Element kaum etwas zu spüren. Diese findet sich stärker in den umliegenden kleineren Mönchsniederlassungen, die nicht wie die Mönche in Göreme mit Stiftungen aus der kaiserlichen Schatulle rechnen konnten. Als Beispiele seien Zelve, Soğanlı und das mit seinen wenigen Kirchen und Grabkapellen wohl dem benachbarten Göreme untergeordnete Avcilar genannt, wo sich eine enge Verzahnung der geistlichen Aufgaben mit den landwirtschaftlichen und handwerklichen Tätigkeiten der Mönche in den Arbeits- und Werkstätten ablesen läßt. Neben den geistigen Impulsen, die vom Tal von Göreme für die Entwicklung der christlichen Lehre ihren Ausgang nahmen, ist in dieser Verbindung eine weitere wesentliche Leistung der kappadokischen Mönche zu sehen, durch die die Klostergemeinschaften von Göreme in einen strengen Gegensatz zu den Erscheinungsformen des klösterlichen Lebens in den ägyptischen und syrischen Zentren des orientalischen Mönchtums traten. Denn die Eremiten in der ägyptischen Thebais, die Säulenheiligen im syrischen Kal'at Sim'an und auch die Mönche am Berg Athos suchten mit ihren Anhängern die vollständige Weltflucht, versagten sich jeden Kontakt mit anderen Menschen und lebten in getrennten Klausen nach ihren eigenen Gesetzen.

Göreme und das Christentum

Als der Apostel Paulus die christliche Lehre über Anatolien nach Westen trug, bildete sich im anatolischen Hochland schnell eine eigene Christenwelt mit Gemeinden in nahezu allen römischen Provinzen Kleinasiens. Seine erste Epistel, die der Apostel Petrus in Antiocheia am Orontes verfaßt hat, konnte er daher an »die erwählten Fremdlinge hin und her in Pontos, Galatien, Kappadokien, Asien und Bithynien« adressieren, die jetzt über die Grenzen römischer Provinzen hinweg »ein Volk Gottes« geworden waren. Näheres über die bithynischen Christen erfahren wir aus der aufschlußreichen Korrespondenz zwischen Plinius dem Jüngeren und Kaiser Trajan, der seinen Vertrauten Plinius im Jahre 112/113 n. Chr. als Statthalter in die Doppelprovinz »Bithynia et Pontus« entsandt hatte. Vor allem zwei Briefe – ein Schreiben des Plinius und die Antwort des Kaisers – befassen sich ausführlich mit der Christenfrage. Sie sind als eine der ersten Stellungnahmen des römischen Staates zum frühen Christentum für uns besonders wertvoll, geben sie doch nicht nur detaillierte Auskünfte über Verbreitung und Lebensweise der frühen Christen in dieser Provinz, sondern zeigen auch die problematische Situation der Christen unter der römischen Herrschaft und die römische Rechtsposition gegenüber dieser religiösen Minderheit.
Aus dem Schreiben des Plinius spricht ein bemerkenswert korrektes und – so möchte man meinen – zurückhaltendes Vorgehen des Plinius gegen die Christen, wenn wir uns vergegenwärtigen, unter welchem rechtlichen Oberbegriff die Christen angeklagt und abgeurteilt werden konnten. Neben der traditionellen Verehrung der Staatsgötter war der Kaiserkult eine Art Reichsreligion geworden, der religiöse Ausdruck des kaiserzeitlichen Reichsgedankens, nachdem der römische Senat nach ihrem Tode die Aufnahme von Kaiser Augustus und seinem Adoptivvater Caesar unter die Staatsgötter beschlossen hatte. Mit dem Opfer an den Kaiser bekannte man

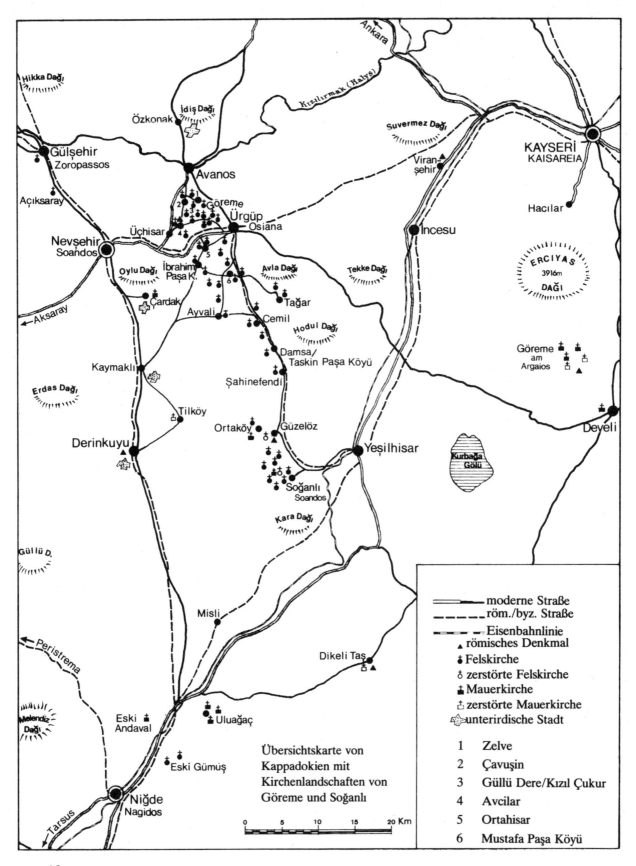

Hikka Dağı

İdiş Dağı

Özkonak

Ankara

Kızılırmak (Halys)

Suvermez Dağı

KAYSERİ
KAISAREIA

Gülşehir
Zoropassos

Viran-
şehir

Hacılar

Açıksaray

Avanos

Göreme

Üçhisar

Ürgüp
Osiana

İncesu

Nevşehir
Soandos

ERCIYAS
3916 m
DAĞI

Oylu Dağı

İbrahim
Paşa K.

Avla Dağı

Tekke Dağı

Aksaray

Çardak

Ayvalı

Tağar

Cemil

Hodul Dağı

Göreme
am
Argaios

Kaymaklı

Damsa/
Taskin Paşa Köyü

Erdas Dağı

Şahinefendi

Tilköy

Ortaköy

Güzelöz

Develi

Derinkuyu

Yeşilhisar

Kurbağa
Gölü

Kara Dağı

Soğanlı
Soandos

Güllü D.

Peristrema

Misli

Dikeli Taş

Melendiz
Dağı

Eski
Andaval

Uluağaç

Übersichtskarte von
Kappadokien mit
Kirchenlandschaften von
Göreme und Soğanlı

Eski Gümüş

Niğde
Nagidos

Tarsus

	moderne Straße
	röm./byz. Straße
	Eisenbahnlinie
▲	römisches Denkmal
	Felskirche
	zerstörte Felskirche
	Mauerkirche
	zerstörte Mauerkirche
	unterirdische Stadt

1	Zelve
2	Çavuşin
3	Güllü Dere/Kızıl Çukur
4	Avcilar
5	Ortahisar
6	Mustafa Paşa Köyü

0   5   10   15   20 Km

sich als loyaler römischer Bürger. Daher galt die Weigerung, dem Kaiser zu opfern, als ein todeswürdiges Majestätsvergehen. Die Christen zeigten sich damit nach römischem Rechtsverständnis als Staatsfeinde. Unter dem Gesichtspunkt kann man das Vorgehen des Plinius nur als milde und verständnisvoll bezeichnen, wenn er sich für die Begnadigung aller Christen einsetzt, die Reue zeigen – ein Standpunkt, den Kaiser Trajan bei aller Strenge und Wahrung des Rechtes der Staatsgötter in seinem Antwortschreiben teilt. Zudem finden sich darin noch einige bemerkenswerte Sentenzen, insbesondere im letzten Abschnitt des Schreibens: Anonyme Anzeigen, von deren Motivation bei der Abfassung nichts bekannt ist, sind nach Trajans Auffassung kein Rechtsmittel und passen nicht zu den Regierungsmaximen seiner Zeit, die sich mit iustitia (Gerechtigkeit) und humanitas (Menschlichkeit) präzisieren lassen. In ihrer Humanität, die selbst Sklaven ihre »Menschenrechte« zuweist, und ihrem milden Urteil nehmen Trajan und Plinius unter den Kaisern und Statthaltern Roms eine recht einsame Position ein, wie die lange Reihe der Märtyrer belegt, die uns in den Wandbildern der Kirchen von Göreme begegnet.

Interessant ist noch, daß Plinius neben der Erwähnung, daß die Götterfeste wieder besucht und die Tempel nicht mehr vernachlässigt werden, auch berichtet, die Opfertiere würden wieder ihre Käufer finden. Vielleicht dürfen wir hier einen versteckten Hinweis auf die Urheber der vielen Anzeigen gegen die Christen sehen, denn Priester und Händler in den öffentlichen Tempeln hatten durch die Ausbreitung des Christentums einen erheblichen Ausfall bei ihren Geschäften zu befürchten. Erinnern wir uns in diesem Zusammenhang an ein Beispiel in der Apostelgeschichte (XIX 24ff.). Auch hier spielten kommerzielle Gründe eine wesentliche Rolle beim geschilderten Aufruhr gegen das Christentum und dessen Vertreter Paulus.

Deutlich wird in diesen Briefen auch die weite Verbreitung, die das Christentum bereits nicht nur in den Provinzstädten, sondern auch auf dem Land gefunden hatte. In Bithynien und den anderen kleinasiatischen Landschaften war also schon der Nährboden bereitet, auf dem sich das kappadokische Kaisareia zu Beginn des 3. Jahrhunderts zu einem Zentrum christlich theologischer Bildung erhob. In dieser Stadt nahm die Christianisierung Armeniens ihren Ausgang, und hier wurden bis zum Jahre 383 die Bischöfe der armenischen Staatskirche geweiht.

Besonderes Gewicht innerhalb der byzantinischen Kirche erhielten Kaisareia als Sitz eines Metropoliten – die Stadt hatte damit neben Byzanz, Alexandreia, Antiocheia am Orontes, Ephesos und Herakleia eine der kirchlichen Schlüsselpositionen inne – und überhaupt die gesamte kappadokische Christenheit, als in der 2. Hälfte des 4. Jahrhunderts das theologische Dreigestirn der großen Kappadokier auftrat: Basileios der Große, der Metropolit von Kaisareia, sein Freund Gregor von Nazianz und sein jüngerer Bruder Gregor von Nyssa, die in der Zone der kappadokischen Vulkane zu Hause waren und ihrer Heimat im Leben und Wirken zugehörig blieben.

Die frühen Christen

Den Festtag des Märtyrers Gordios begeht Basileios von Kaisareia mit einer großen Predigt, in der er seiner Gemeinde dessen Nachahmung empfiehlt. Der historische Kern dieses Festes, den er den Gläubigen ins Gedächtnis zurückruft, umfaßt die Anklage des Gordios vor dem römischen Gericht und dessen Martyrium.

Durch einen Rückgriff auf die Geschichte der Kirche führt Basileios in eine Phase zurück, in der Kappadokien schon nicht mehr nur bloßes Randgebiet hinsichtlich seiner theologischen und religiösen Bedeutung ist. Unter Kaiser Diokletian (284-305) – Basileios beschreibt ihn in dieser Predigt als einen Herrscher, der »seinen Ingrimm und seine Grausamkeit steigerte bis zum Kampf gegen die Kirche« – entwickelt sich Kappadokien durch den Einfluß geistlicher Persönlichkeiten zu einer für die Kirchengeschichte bedeutenden Region. Mit Alexander von Kaisareia (um 200), Firmilian von Kaisareia (um 250), einem Freund des Origines, des größten und bedeutendsten Theologen der frühchristlichen Kirche, und den Christenverfolgungen unter Kaiser Decius (249-251) steht Kappadokien vor seinem entscheidenden Schritt in die Kirchenhistorie.

Die Rolle, die Kappadokien im 4. Jahrhundert in der christlichen Kirche spielen sollte, beginnt recht bescheiden. Während aus dem 1. Jahrhundert bereits ausführliche Informationen über die Christengemeinden in anderen Gebieten Anatoliens vorliegen, fehlen für Kappadokien schriftliche Auskünfte über das Schicksal der Christen in dieser Zeit fast vollständig. Die Tatsache der Paulusreise und die Legende des kappadokischen Märtyrers Longios machen aber zumindest erste Gemeindegründungen in dieser Zeit auch in Kappadokien wahrscheinlich, umso mehr, als aus dem 2. Jahrhundert eine relativ große Anzahl christlicher Gemeinden überliefert ist, und die beiden Bischofssitze Kaisareia und Melitene für eine beginnende kirchliche Organisation Kappadokiens sprechen.

Unter Konstantin dem Großen wird die Kirche befreit, geht ihre Verbindung mit dem Staate ein und ist auf dem Wege zur Staatsreligion. Für die Christengemeinden bedeuten nun Verfolgungen keine Gefahr mehr, aber innere Schwierigkeiten, die die junge Reichskirche in jener Zeit erschüttern, wirken auch in Kappadokien. Vor allem steht hier die Auseinandersetzung um den Arianismus im Vordergrund. Diese Lehre des Areios aus Alexandreia fällt in Kappadokien auf fruchtbaren Boden, nicht zuletzt begründet in der hohen theologischen Ausbildung der kappadokischen Bischöfe. Die Schriften des kappadokischen Dreigestirns spiegeln diese dogmatische Auseinandersetzung um das Trinitätsverständnis und die Christologie innerhalb der neuen Reichskirche wider. Die Frage nach Gott Vater, Sohn und Heiligem Geist als personale Einheit oder als drei verschiedene und unähnliche Personifizierungen spaltet das theologische Denken der jungen christlichen Institution, wie wir einer Rede des Gregor von Nazianz entnehmen können.

»So behaupten die Frevler, die gierig alle Lehren angreifen. Wir aber denken nicht so und lehren nicht so. ... Nach meiner Ansicht dürfte die Lehre von dem einen Gott dadurch festgehalten werden, daß der Sohn und der Geist auf eine einzige Ursache zurückgeführt, nicht aber vermengt und vermischt werden. Auf eine einzige Ursache sind sie zurückzuführen wegen ein und derselben Bewegung und ein und desselben Willens der Gottheit und wegen der Gleichheit ihres Wesens.«

Bedeutender für die regionale Entwicklung Kappadokiens, insbesondere für die Täler von Göreme, sind zwei Strömungen religiösen Handelns, die eine Gefahr für die Organisation der jungen Kirche darstellen. Die lockere Bindung von Ungetauften an die Gemeinden erschwert eine verbindliche, straffe und verläßliche Gliederung ebenso wie ein in Weltflucht begründetes Bedürfnis nach Askese und Ekstase. Dieses stellt nämlich den Anspruch der Kirche als Mittlerin zwischen Gott und dem Menschen in Frage, da das mystische Ziel der Gotteserfahrung, das durch Askese erreicht werden soll, keinen Mittler benötigt. Diesen zwei Strömungen versucht Basileios, der Bischof von Kaisareia, entgegenzutreten. Daneben nimmt er den Kampf gegen die Arianer mit eigener Methode, der Dialektik, erfolgreich auf, so daß sich der inzwischen politisch genutzte Arianismus, vertreten durch Kaiser Valens, gezwungen sieht, im Jahre 371 Kappadokien zu teilen, um das Bistum Kaisareia und dessen Einflußbereich zu schwächen.

Den Tendenzen einer lockeren Bindung an die Gemeinden und des religiösen Lebens in weltlicher Abgeschiedenheit entgegnet Basileios durch Organisation der kirchlichen Aufgaben. Konsequente Schriftauslegung, Armenhilfe, das Ordnen des Mönchtums durch zwei Regeln und die Festlegung der Liturgie werden als Mittel genutzt, um eine einheitliche Führung und Organisation des Bistums zu ermöglichen. Die Armensiedlung Basileia vor den Toren von Kaisareia erklärt sich aus diesen historisch-politischen Zusammenhängen. Auch die wohl bedeutendste Leistung des Basileios, sein Bemühen um das mönchische Leben, wird weit über Kappadokien als Vorbild hinausgetragen, dessen Spuren und manche Wurzel im mönchischen Leben des Abendlandes wieder zu entdecken sind. Man denke nur an die Gründung des Benediktinerordens und dessen Regeln. Diese restaurativen und konstituierenden Maßnahmen zur Stärkung und Erweiterung der politischen Position der jungen Reichskirche wirken noch auf uns nach. Die Basiliusliturgie ist bis heute eine der beiden Hauptformen der ostkirchlichen Liturgie.

Dem Bemühen des Basileios hat sich Gregor von Nazianz, der 381 die klassische Doktrin vom Heiligen Geist durchsetzte, ebenso verschrieben wie auch Gregor von Nyssa, der Mystiker und jüngere Bruder des Basileios. Sie tragen dazu bei, daß im historischen Zusammenhang davon gesprochen werden kann, das ganze theologische und geistige Denken des Christentums in jener Zeit sei, sofern es den Mittelmeerraum betraf, durch Kappadokien geflutet und von dort geprägt worden. Fast alle entscheidenden theologischen Problemstellungen erhalten aus dem Kappadokien des 4. Jahrhunderts Lösungsversuche, wobei jedoch zugestanden werden muß, daß das kappadokische Dreigestirn eine endgültige Lösung der angesprochenen zwei religiösen Tendenzen zumindest in Hinsicht auf eine Organisation des Mönchtums nicht leisten konnte. Für Amphilochios von Ikonion, einen Schüler des Basileios, stellt der separatistische Hang der Mönche und deren Askese immer noch einen gewichtigen Punkt auf der »Tagesordnung« des Konzils von Side im Jahre 383 dar.

Diese Tatsache verweist nicht nur auf die Schwierigkeiten, vor denen Kappadokiens geistliche Führer standen, sondern deckt auch die Bedeutung der geographischen Lage für die geistesgeschichtliche Entwicklung des Christentums, insbesondere des Mönchtums im Raume Kappadokien auf. Die weite und ausgedehnte Tufflandschaft und der dadurch bedingte karge Boden zwingen den Menschen, der die Einsamkeit für ein erfülltes christliches Leben ersehnt, seine Kultstätten, Klöster und Wohnungen in das weiche Ge-

Ansicht von Ürgüp
im 19. Jahrhundert
(Zeichnung von
Ch. Texier)

stein zu graben und begünstigt so eine Gemeinschaftsbildung, die die Gefahr einer Auflösung der kirchlich institutionellen Gemeinschaften in sich trägt. Die Geographie dieses unwegsamen und zerklüfteten Gebietes erschwert der institutionellen und staatlichen Kirche eine zentrale und straffe Organisation ihrer Bistümer in Kappadokien, schützt aber auch eine Sonderentwicklung des Mönchtums und deren Auswirkung auf die übrige christliche Welt. Ohne diese Umwelt lassen sich »psalmensingende Arbeiter« auf den Feldern Kappadokiens, die kappadokischen christlichen Überlieferungen, die Dörfer und Klöster mit ihren Malereien und Wandinschriften nicht erklären.

Der zur Anpassung bereite Mensch schafft Bedeutendes aus einem Umkehrungsprozeß ins Negative, indem er seinen Geist zur körperlosen mystischen

45

Schau nutzt, das Dasein aber in seiner materiellen Nichtigkeit in dunklen Höhlenanlagen verbringt. »Wer sein Leben für mich hingibt, wird es finden«, hatte Christus gelehrt und die frühen Mönche folgten ihm gläubig. Der erste berühmte Mönch war der Heilige Antonios, ein Eremit des 4. Jahrhunderts, der sich 20 Jahre in ein Felsgrab in Ägypten zurückzog. Seinem asketischen Beispiel folgten andere Anhänger der christlichen Lehre, die zu ihm stießen und unter seiner Führung die älteste Klostergemeinschaft gründeten. Von Ägypten und Syrien verbreitete sich das Mönchswesen schnell über Kleinasien und Griechenland und die Lebensbeschreibungen großer Mönche waren bald die meistgelesenen Bücher im frommen Byzanz, zumal die Mönche und Eremiten mit ihren festen Glaubenslehren als das Gewissen des byzantinischen Reiches bezeichnet werden konnten.

Die byzantinische Zeit

Die enge Verflochtenheit von innen- und außenpolitischen Gegebenheiten und die Bedeutung der militärischen Organisation in den Grenzgebieten des Reiches für Handel und Wohlstand vererbt das ewige Rom der Antike als janusköpfiges politisches Instrument an die Herrscher Ostroms. Zu diesem Vermächtnis gesellt sich die neue, kraftvolle christliche Bewegung, die von Konstantin dem Großen (306-337) bis zu Theodosios dem Großen (379-395) immer größeren Einfluß nimmt und schließlich als Staatsreligion neben das traditionelle Kaisertum tritt. Diese neue »Bruderschaft« ruft Byzanz ins Leben — ein oströmisches Reich mit eigenen kulturellen Leistungen, die einen deutlichen Bruch zum weströmischen Reich erkennen lassen.
Kaiser Justinian (527-565), der serbische Bauernsohn, der zum Herrscher der Welt geboren wurde und besessen war von dem Traum einer vollständigen Wiederherstellung des alten Römischen Reiches, schenkt Kappadokien wie allen anatolischen Provinzen eine Periode des Wohlstandes und des Friedens. In diesem Kaiser, der oft zwei Tage und zwei Nächte ohne zu essen und zu trinken verbringt, nur wenig schläft und nachts oft in Sorge um das Reich auf und ab wandelt, findet Byzanz einen unermüdlichen und tatkräftigen Erneuerer alter römischer Traditionen. Die Reformierung der Verwaltung, die Zentralisierung der Bürokratie und die Kodifizierung des römischen Rechts schaffen eine innere Sicherheit im Reich, das bedeutende militärische Erfolge verbuchen kann. Die byzantinische Kavallerie, das geübte-

ste und teuerste Kampfinstrument jener Zeit, trägt unter der Regierung Justinians ihre Feldzeichen, die uns unter den nichtfigürlichen Motiven in der St. Barbara-Kirche von Göreme entgegentreten, erneut in ehemalige römische Gebiete, die in den Stürmen der Völkerwanderungszeit aufgegeben worden waren. Byzanz herrscht wieder über ganz Kleinasien, Transkaukasien und bedeutende Gebiete des westlichen Mittelmeeres.

Schon kurz nach dem Tode Justinians wird deutlich, daß er die Kräfte seines Reiches überspannt hat und seine Hoffnung auf die Wiederherstellung des römischen Imperiums ein unerfüllbarer Traum bleibt. In Spanien rücken die Westgoten vor, Italien geht an die Langobarden verloren, und an der Nordgrenze rüsten sich die Awaren zum Angriff. Die Perser erobern Syrien und Ägypten und dringen in Kleinasien ein. Im Jahre 605 fällt das kappadokische Kaisareia in die Hand der Perser, 614 wird Jerusalem als letzte byzantinische Festung Palästinas erobert und das »Wahre Kreuz«, ein Symbol christlicher Weltdurchdringung und Leidenserfahrung, nach Ktesiphon an den Tigris entführt.

Die byzantinische Antwort wird von Kaiser Herakleios (610-641) mit militärischer Neuorganisation und Aufteilung der restlichen Provinzen in Militärbezirke vorbereitet. Durch diese Maßnahmen gelingt es 622/623, das östliche Kleinasien und Transkaukasien wieder zu befreien. Im Jahre 638 bringt er Mesopotamien in byzantinische Hand und führt das »Wahre Kreuz« nach Jerusalem zurück. Zwar stellt Herakleios damit die justinianischen Grenzen wieder her, aber der Preis für das oströmische Kaisertum ist hoch. Die Bildung der Militärbezirke in den Provinzen ruft einen charakteristischen Offiziers- und Landadel ins Leben, dessen politische Macht sich zu einer Bedrohung für das Kaisertum entwickeln wird.

Außenpolitisch gewähren die Erfolge des Herakleios aber nur einen Aufschub. Byzanz, im persischen Konflikt noch in der Lage, die Reichsgrenzen zu sichern, wird von der nächsten Welle der in jener Zeit in Bewegung geratenen Völkerschaften getroffen.

Berittene Stämme, Anhänger des Propheten Mohammed, brechen aus der Wüste hervor und fallen brennend und mordend in die östlichen Provinzen des byzantinischen Reiches ein. Im Jahre 673 stehen die Moslems zum ersten Mal vor Konstantinopel, können aber wie auch später im Jahre 711 abgewehrt werden. Kappadokien wird wieder Grenzprovinz und Vorposten des byzantinischen Reiches und zum Schlachtfeld zwischen Byzantinern und Arabern, die unablässig Raubzüge in die unglückliche Landschaft unternehmen. Historische Phantasie, erfüllt von der Erfahrung der heutigen Generation, die um die Bedeutung weiß, das eigene Land als Kriegsschauplatz erlebt zu haben, eröffnet eine Vorstellung von den Schicksalen der kappadokischen Bevölkerung in dieser Zeit. Wankelmütiges Kriegsglück, ständiger Wechsel der Fronten und der unablässige Kampf um die strategisch wichtigen Städte führen zu Flüchtlingsbewegungen in bis dahin kaum gekanntem Ausmaß.

In dieser Zeit haben die Höhlen und Felsenbauten um Göreme eine verstärkte Bedeutung für ganz Kappadokien gewonnen. Die Täler von Göreme werden jetzt zu einer einzigen Fluchtburg, in der sich christliches Leben in einer heidnischen Umwelt bewahrt. Sie sind zugleich Sammlungsorte, die neue Kraft ausstrahlen, während die Hauptstadt Konstantinopel mehrfach nur unter Aufbietung der letzten Kräfte verteidigt werden kann und ihre Kaiser sich manchmal den Abzug der islamischen Herrscher regelrecht erkaufen müssen.

Um den brandschatzenden Arabern zu entfliehen, ziehen sich Teile der Bevölkerung, auch aus dem mehrfach bedrohten und eroberten Kaisareia, in die unterirdischen Städte von Derinkuyu, Çardak, Kaymaklı und Özkonak sowie in die einst aus dem Willen zur Einsamkeit und Beschaulichkeit christlichen Lebens entstandenen Höhlenanlagen zurück. Beim Erscheinen arabischer Vorhuten werden die versteckt angelegten Eingänge zu den Höhlenstädten mit gewaltigen Rollsteinen verschlossen. Gelingt dem Feind dennoch ein Eindringen in die unüberschaubaren Höhlensysteme, so kann er durch Löcher im Boden oder in den Wänden der schmalen dunklen Gänge von allen Seiten mit Speeren bekämpft und am weiteren Vordringen gehindert werden. Auch die Mönche und Eremiten in Göreme ziehen sich ausreichend mit Wasser und Nahrungsmitteln versorgt in ihren Wohnanlagen oder eigens errichteten Fluchträumen so tief wie möglich in den Felsen zurück. Den angreifenden Arabern bleibt nur der schwache Versuch, diese Schlupfwinkel auszuräuchern oder auszuhungern; doch werden die arabischen Horden überhaupt weniger in die abgelegenen Schluchten des Berglandes um Göreme vorgedrungen sein, als vielmehr in den Ebenen und Städten des Hochlandes nach Beute gesucht haben.

So bedeutet die Verfolgung, der sich die Mönche Kappadokiens als unbeugsame Bilderverehrer in der Zeit des Bilderstreites im 8./9. Jahrhundert ausgesetzt sehen, fast noch die größere Gefahr, in der zahlreiche Mönche ihr Leben verlieren. Erst mit Beendigung des Bilderstreites bessert sich seit der

48

Mitte des 9. Jahrhunderts die Lage der Bevölkerung. Der neue Religionsfrieden bringt innere Ruhe und Sicherheit, so daß die Byzantiner Kraft zu neuen außenpolitischen und militärischen Aktivitäten schöpfen können, wozu sie durch eine innenpolitische Schwäche des Kalifats von Baghdad geradezu ermutigt werden. Mit dem Sieg über den Emir von Melitene im Jahre 863 wird eine neue Eroberungsphase eingeleitet. Dank der Siege von Nikephoros II. Phokas (963-969) und seiner Nachfolger Johannes Tzimiskes (969-976) und Basileios II. (976-1025) macht das byzantinische Reich sich Palästina und Mesopotamien wieder untertan, schiebt seine Grenze bis an den Van-See in Armenien vor und unterwirft sogar das Königreich Ani am Kaukasos.

Kappadokien wird wieder in das geographische Zentrum des Reiches zurückgeführt, Kaisareia erlebt als Handels- und Militärstadt, von der die großen Orientfeldzüge der byzantinischen Kaiser ihren Ausgang nehmen, einen großen Aufschwung und entwickelt sich schnell zur bedeutendsten Stadt in Mittelanatolien. Auch in der Höhlenwelt von Göreme hält neues Leben seinen Einzug. Kaiser und Feldherren wie Nikephoros II. Phokas, der in den Jahren 964/965 eine Pilgerfahrt zu den Klöstern um Göreme unternimmt, an die noch heute ein Fresko in Çavuşin erinnert, erweisen den Glaubensstätten ihre Reverenz. Suchen sie vor dem Auszug ins Feld in den Klostergemeinschaften Stärkung in der Zwiesprache mit Gott, so kehren sie nach den Feldzügen zu Dankgebeten zurück und fördern durch großzügige Stiftungen aus der Kriegsbeute die Mönchsgemeinschaften. Rege Bautätigkeit und reiche Ausschmückung neuer Kirchen und Klöster geben ein beredtes Zeugnis für den neuen Wohlstand.

Doch auch dieses Mal wird die Blüte des Reiches mit inneren Zerfallserscheinungen erkauft. Die straffe Militärorganisation lockert sich. Viele der Bauernsoldaten, die eigentliche Stütze des byzantinischen Heeres, verlieren

Byzantinische Militärstandarten in der St. Barbara-Kirche von Göreme

ihre Landgüter an die Großgrundbesitzer und die kaiserliche Regierung sucht, um ihre eigene Sicherheit besorgt, die Macht der Kommandeure in den Provinzen einzuschränken. Diese Vorgänge erleichtern ganz wesentlich das schnelle Vordringen der Seldschuken, die 1067 zum ersten Mal bis nach Kaisareia vorstoßen und die Stadt erobern. Der Tag der Schlacht von Mantzikert im Jahre 1071, an dem Alp Arslan dem Kaiser Romanos IV. Diogenes mit dem Kronschatz auch die östlichen Provinzen abnimmt, ist ein Schicksalstag für das ganze byzantinische Reich. Wenig später residieren die seldschukischen Sultane bereits in Nikaia, bis 1080 Sultan Sulaiman I. das Sultanat von Rum mit der Hauptstadt Konya gründet.

Seit dieser Zeit ist Kappadokien endgültig dem byzantinischen Reich verloren, und manche Ängste mögen die Christen von Göreme erlebt haben, während sich das Seldschukenreich von Konya konsolidierte. Welche Hoffnungen müssen die Kreuzzüge in ihnen geweckt haben, deren Kämpfer mehrfach so dicht an der christlichen Höhlenwelt vorüberzogen! Aber auch die noch gehegten Befürchtungen der Christen haben sich nicht erfüllt und die tragischen Bilder der Araberherrschaft keine Wiederholung gefunden. Die hochstehende Bildung erlaubt den Seldschuken, Muselmanen mit iranischer Kultur, ihren christlichen Untertanen mit Achtung und Toleranz hinsichtlich der Religionsausübung gegenüberzutreten.

Diese bemerkenswerte freundschaftliche Koexistenz von Christen und Muselmanen wird in einem Gemälde der St. Georg-Kirche von Belisirama im Tal von Peristrema deutlich. Der dazugehörigen Inschrift entnehmen wir, daß diese Kirche von dem Emir und Konsul Basileios und seiner Frau Thamar, einer georgischen Prinzessin, gestiftet worden ist, die rechts und links neben dem Heiligen Georg abgebildet sind. Auffällig ist dabei, daß der seldschukische und der byzantinische Titel des christlichen Offiziers, der im Dienste des seldschukischen Sultans die christlichen Kontingente aus diesem Gebiet befehligt, nebeneinander verwendet werden. Darüber hinaus bezieht sich die Stiftungsinschrift in der Datierung nicht nur auf den seldschukischen Landesherrn Mas'ud II. (1283-1304), sondern auch auf den fernen byzantinischen Kaiser Andronikos II. (1282-1295 / 1320-1325). Dieser erstaunliche Vorgang gut 200 Jahre nach der seldschukischen Eroberung wird leichter verständlich, wenn wir uns daran erinnern, daß der Heilige Georg als Soldatenheiliger nicht nur von den Christen verehrt wird, sondern auch auf Münzen der seldschukischen Sultane Sulaiman II. (1196-1204) und Kaikobad I. (1219-1236) abgebildet ist.

58

St. Georg-Kirche von Belisirama, Stiftungsszene mit dem Emir Basileios, dem Heiligen Georg und der georgischen Prinzessin Thamar

So ermöglichen die Seldschuken den Christen in ihrem Reich eine letzte bescheidene Blüte, deren Kunstwerke jedoch nur ein Abglanz und eine reine Nachahmung älterer Vorbilder sind. Zur Zeit der Errichtung der St. Georg-Kirche von Belisirama (1283-1295) hat aber auch die Macht der Seldschuken ihren Zenit längst überschritten. Gegen die ungestüm vordringenden Mongolen und die aufsteigenden Osmanen führen die zerfallenden seldschukischen Fürstentümer einen verzweifelten Abwehrkampf, bis 1304 Sultan Mas'ud II. unter den Schwertern der Mongolen den Tod findet. Mit dem Ende der Geschichte der Seldschuken wird auch den Christen von Göreme jede Möglichkeit zur freien Entfaltung genommen, und ihre Spur verliert sich unter den Mongolen und Osmanen im Dunkel der Geschichte.

Die Mönche unter byzantinischem Einfluß

Die wachsende politische Bedeutung der christlichen Kirche im Osten hinsichtlich des römisch-christlichen Kaisertums und der Organisationswille jener institutionellen orthodoxen Kirche, im 4. Jahrhundert getragen von den kappadokischen Bischöfen, wirken in den folgenden Jahrhunderten weiter und drücken ihr Siegel auch den »Höhlenmalereien« der kappadokischen Mönchsgemeinschaften auf. In diesen behauptet sich der orthodoxe Glaube offiziell, zum Teil auch begründet in der unmittelbaren Einflußsphäre Konstantinopels auf Kaisareia, das ab 381 nicht mehr dem Patriarchat von Antiocheia am Orontes untersteht. Dadurch können neue Irrlehren, die der Nestorianer, der Monophysiten und Paulizianer in Kappadokien nicht an Boden gewinnen. Der hundertjährige Ikonoklasmus (Bilderstreit: 726-843) aber greift stark und prägend in die Mönchsgemeinschaften Kappadokiens ein, sofern nicht auch »aus den Höhlen« heraus zu dieser Auseinandersetzung beigetragen wurde.

Die Erhellung der Anlässe zum byzantinischen Bilderstreit wird durch die Quellenlage erschwert, da fast alle schriftlichen Zeugnisse der Bilderfeinde verloren gingen. Am wahrscheinlichsten erscheint die Annahme, daß die jüdische und persische Abneigung gegen den Bilderkult immer größeren Einfluß in Kleinasien gewinnt und ihren Höhepunkt im 8./9. Jahrhundert findet. Es gelingt kleinasiatischen Bischöfen unter der Führung Konstantins von Nikoleia Kaiser Leon III. zum Kampf gegen die bildlichen Darstellungen religiöser Themen zu bewegen, sicherlich mit der Argumentation, die Darstellungen religiöser Bildlichkeit als Ausdruck entarteter christlicher Gläubigkeit beschreibt. Die byzantinische Kirche unterliegt in dieser Zeit ähnlichen Strömungen wie das damalige Judentum und der Islam. Im Jahre 721 erläßt der Kalif Yazid II. ein bilderfeindliches Edikt.

Der historische Ablauf des Bilderstreites läßt sich in zwei Phasen einteilen, zwischen denen für wenige Jahre die Bilderverehrung wieder erlaubt ist. Im Jahre 726 läßt Kaiser Leon III. ein Christusbild über dem Haupteingang des Kaiserpalastes entfernen und läutet damit den Ikonoklasmus im byzantinischen Reich ein; vier Jahre später erläßt er ein erstes bilderfeindliches Edikt. Unterstützung findet Leon III. bei der meist aus den östlichen Provinzen des Reiches rekrutierten Armee und bei der Verwaltungshierarchie, die in der bevorstehenden Auseinandersetzung eine Gelegenheit sieht, der wachsenden Macht der Kirche entgegenzuwirken.

Seinen Höhepunkt erreicht der Ikonoklasmus unter Kaiser Konstantin V., in dessen Regierungszeit das ikonoklastische Konzil des Jahres 754 fällt, auf dem alle heiligen Bilder mit Ausnahme des Kreuzes verboten werden. In der mönchischen Literatur führt Konstantin V. fortan den Beinamen Kopronymos, der »Schmutzfink«; denn er soll den Befehl gegeben haben, das wertvolle Kästchen mit den Reliquien der Heiligen Euphemia, die als bevorzugte Heilige der Bilderverehrer gilt, ins Meer zu werfen und die Kirche am Hippodrom in Konstantinopel in ein Depot umzuwandeln. Auf den Straßen von Konstantinopel kommt infolge dieser Ereignisse der Kampf zwischen den Ikonoklasten, den Bilderstürmern, und den Ikonodulen, den Bilderverehrern, in bürgerkriegsähnlichen Zuständen offen zum Ausbruch.

Erst auf dem VII. Ökumenischen Konzil von Nikaia wird im Jahr 787 die erste kämpferische Phase des Ikonoklasmus beendet, als Kaiserin Irene, eine glühende Anhängerin des Heiligenbildes, das Bilderverbot aufhebt. Als einige Jahre später auch noch die Reliquien der Heiligen Euphemia wieder auftauchen – der Schrein soll am Strand der Insel Lemnos angeschwemmt worden sein – und Kaiserin Irene sie im Jahre 796 feierlich in die Hippodromkirche in Konstantinopel zurückführt, da wird dieses Ereignis von den Mönchen als Gottesurteil gegen die Bilderstürmer verstanden und gefeiert.

Die Erlaubnis, wieder Bilder und Ikonen in Kirchen und öffentlichen Gebäuden auszustellen und zu verehren, bringt nicht den erhofften dauerhaften Religionsfrieden, sondern nur eine kurze Atempause, in der die Mönche und ihre Bildwerke vor Verfolgung und Zerstörung sicher sind. Im Jahre 813 hebt Kaiser Leon V. die Beschlüsse des Konzils von Nikaia wieder auf, und der Bilderstreit entflammt erneut. Aus der Lebensbeschreibung von Stephanos dem Jüngeren erfahren wir, daß Kappadokien nicht zu den wenigen von Verfolgungen verschonten Landschaften gehört. Das kann nicht überraschen, da die Mehrzahl der in den Tälern von Göreme lebenden Mönche für die Bilderverehrung eingetreten ist. Erstaunlich ist vielmehr, daß es in diesem Gebiet auch kleinere Gemeinschaften von Ikonoklasten gab, wie·die Kreuzeszeichen und ikonoklastischen Inschriften in der St. Basileios-Kirche in Sinassos (Mustafa Paşa Köyü), in der Haçlı Kilise in Kızıl Çukur bei Çavuşin, in einigen Kirchen von Zelve und wohl auch in der St. Stephanos-Kirche des Archangelos-Klosters bei Cemil belegen.

Im Jahre 843 wird die Bilderverehrung von Kaiserin Theodora wieder erlaubt, indem sie ein Opfer ikonoklastischer Verfolgungen, den Mönch Methodios, zum neuen Patriarchen von Konstantinopel wählen läßt. Als dieser von der Kanzel der Hagia Sophia die Restauration der Bildwerke verkündet, bricht die bilderfeindliche Bewegung endgültig zusammen, die auf Grund der religiösen, theologisch und politisch bedeutenden Rolle der orthodoxen Kirche im byzantinischen Reich eine ernste Bedrohung für Sicherheit und Bestand des oströmischen Kaisertums dargestellt hatte. Der Triumph der orthodoxen Kirche über die kaiserliche Gewalt ist zugleich auch ein Sieg der hellenistischen Bildlichkeit über den orientalischen Symbolismus, und er verhilft dem Patriarchat von Konstantinopel zu einer Machtposition, von der alle religiösen Sonderentwicklungen unterbunden werden können.

Es ist auffällig, daß gerade zwei Frauen auf dem byzantinischen Kaiserthron die politische Bedeutung der Beilegung des Bilderstreites erkannt und der orthodoxen Kirche zum Durchbruch verholfen haben. Man würde sich aber täuschen, wollte man diese Parteinahme auf eine geschlechtsspezifische Ansprechbarkeit auf metaphysisch-irrationale und ästhetische Wirkung und deren Darstellung zurückführen. Vielmehr zeigt sich hier ein politisch-zweckmäßiges Kalkül, das den nach Machterweiterung strebenden Kaisern oft gefehlt haben mag, den byzantinischen Kaiserinnen in zeitgenössischen Quellen aber immer wieder bestätigt wird.

Der Sieg der orthodoxen Kirche, der die Mönchspartei triumphieren ließ, schien zunächst teuer erkauft zu sein. Viele Mönche, die zu den Stützen dieser Kirche zählten, hatten weniger vor den immer wieder gegen das byzantinische Bollwerk anstürmenden Arabern, als vielmehr vor dem bilderfeindlichen Haß der Ikonoklasten ihre Heimat verlassen. So trägt das für Byzanz dunkle Jahrhundert des Bilderstreites für den westlichen Mittelmeerraum reiche Früchte, die von flüchtenden Mönchen nach Italien getragen und in einen Boden gelegt werden, von dem entscheidende Impulse für das Abendland ausgegangen sind. Hier ist in erster Linie zu denken an die vielen basilianischen Klostergründungen Italiens, an die berühmte Künstlerschule in Monte Cassino mit ihren Lehrmeistern aus dem Orient und an die anderen Spuren kappadokischer Mönche, die bis nach Cluny und Chartres führen.

Trotz dieses starken Aderlasses findet das Mönchtum schnell zu alter Bedeutung zurück und die Mönchskolonien nehmen einen gewaltigen Aufschwung, da gut 20 Jahre nach dem Religionsfrieden unter Kaiser Nikephoros II. Phokas auch die äußere Sicherheit des Reiches wiederhergestellt werden kann. Überall entstehen neue Kirchen und Klöster, und speziell in Kappadokien erlebt das Mönchtum eine sehr dynamische Entwicklung, so daß gut 100 Jahre nach Beendigung des Bilderstreites der neue Reichtum der

Kirche und der Einfluß der Mönche zu neuen gesellschaftlichen Spannungen führen.

»Die Mönche besitzen keine der evangelischen Tugenden. Sie denken an nichts als an Landerwerb, an die Errichtung riesiger Gebäude und an den Verkauf großer Herden von Pferden, Rindern, Kamelen und sonstigem Vieh. Ihre ganze Willenskraft widmen sie ihrer eigenen Bereicherung, so daß ihr Leben sich in keiner Weise von dem der Menschen unterscheidet, die in der Welt leben. Welch ein Gegensatz ... zwischen so frivoler Existenz und dem Leben der frommen Männer, die in vergangenen Jahrhunderten in Ägypten, Palästina und Alexandreia lebten und deren beinahe immaterielles Dasein mehr das eines Engels als eines Menschen war.«

Dieses bittere Urteil fällt Nikephoros II. Phokas, der Mönch und Krieger auf dem Kaiserthron, über die Mönchsbewegung des 10. Jahrhunderts. Seine Konsequenz besteht in einer im Jahre 964 erlassenen Verfügung, nach der keine neuen Klöster gegründet werden dürfen und die Mehrung des Besitzes bestehender Klöster untersagt ist. Die Folge ist ein starker Rückgang der Neubauten von Kirchen und Klöstern in der 2. Hälfte des 10. Jahrhunderts. Wenige Jahre später sollen weitere Einschränkungen einer freien Entfaltung des Mönchtums entgegentreten. Im Jahre 996 stärkt Kaiser Basileios II. die kirchliche Hierarchie, indem er alle Klöster mit mindestens acht Mönchen den Bischöfen unterstellt und auf dieser Basis die Voraussetzungen für eine straffe kirchliche Verwaltung schafft. Nur so ist es möglich, daß das Patriarchat von Konstantinopel nach der Besetzung von Kappadokien durch die Türken die Sitze der Metropoliten und Bischöfe bis zum 14. Jahrhundert sichert. Erst dann geht ihre Zahl zurück und zieht auch den langsamen Verfall der Mönchsgemeinschaften in den Tälern von Göreme nach sich, deren Bauten noch heute dem Besucher ein lebendiges Bild ehemaliger Größe vermitteln.

Die Zentren des Christentums

In Kappadokien finden sich die Zentren des Christentums im Vulkanmassiv des Erciyas Dağı bei Göreme, Avcilar, Zelve, Çavuşin, Ürgüp und im Tal von Soğanlı sowie im Vulkanmassiv des Hasan Dağı im Tal von Peristrema. Diese Namen repräsentieren natürlich nur einen, wenn auch den wichtigsten Teil der christlichen Klöster, Kirchen und Nekropolen Kappadokiens. Weit gestreut in der Vulkanlandschaft sind zahlreiche andere, allerdings zumeist einzeln stehende Bauten bekannt – Kirchen und Grabstätten eines allgemein über Kleinasien verbreiteten Stils. Nach Ballung und kunstgeschichtlicher Bedeutung sind sie kaum mit den Kirchen und Klöstern in den Tälern von Göreme vergleichbar.

In manchen Fällen liegen die christlichen Bauten in unmittelbarer Nähe antiker Siedlungen und Nekropolen. Da aber die griechisch-römische Antike in diesem Gebiet nur geringe Spuren hinterlassen hat, kann meistens keine kontinuierliche Besiedlung nachgewiesen werden. Eine einigermaßen geschlossene Besiedlung der Täler von Göreme setzt erst in byzantinischer Zeit ein, wobei sich für jedes Dorf und jede Mönchssiedlung eine eigene Entwicklung aufzeigen läßt. Wir finden sehr frühe Ansiedlungen, die noch spätantike oder zumindest frühbyzantinische Züge tragen, Gründungen aus der Zeit nach dem Bilderstreit und den Araberstürmen und sogar Orte, die erst während oder nach der kurzen Blüte der Seldschuken im 13./14. Jahrhundert entstanden sind.

Die christlichen Felsbauten in Göreme und seinen Nachbartälern sind so unglaublich reich an Zahl und Ausstattung, daß sie bis zum heutigen Tag bei weitem nicht alle erforscht sind. Tage, Wochen und Monate würden nicht ausreichen, um sie alle kennenzulernen, zumal sich viele dieser Plätze nur zu Fuß oder mit einem Maultier erreichen lassen. Doch sollten wir unterscheiden zwischen den Orten, die wie Göreme, Ürgüp und auch Zelve für einen größeren Besucherstrom vorbereitet und erschlossen sind, und den zahlreichen abgelegenen Plätzen wie Güllü Dere und Kızıl Çukur bei Çavuşin, Halaşdere bei Ortahisar, Teile des Tales von Soğanlı und der tiefeingeschnittene Felsgraben der Engelsschlucht von Belisirama und Ihlara, die zumindest ebenso interessante und bedeutende Sehenswürdigkeiten bergen.

Zu diesen über das ganze Gebiet von Göreme verstreuten Orten gelangt der Besucher nach meist romantischen, teils für einen Mitteleuropäer auch abenteuerlichen, aber nicht gefährlichen Fahrten und Fußmärschen. Schnell schließt er mit den aufgeschlossenen und gastfreundlichen Dorfbewohnern Freundschaft, was in den großen Touristenzentren von Göreme leider kaum noch möglich ist, und kann mit einem einheimischen Führer auf Entdeckungsreise gehen. Er wird dabei nicht nur die in seinem Reiseführer beschriebenen Felsenkirchen und Höhlenanlagen gezeigt bekommen, sondern auch noch andere, weitgehend unbekannte christliche Denkmäler »entdekken«, von denen das eine oder andere vielleicht wirklich erst vor kurzer Zeit von einem Bauern oder Hirten gefunden worden ist und noch nicht einmal

64

65 Durch Erdbeben stark beschädigte Felskapelle El Nazar bei Göreme (Ende 10. Jh.)

66 El Nazar – Innenansicht des teilweise zerstörten westlichen Kreuzarmes: im Gewölbe ein Medaillonfries mit Märtyrern. Neben Abraham und Isaak das Kaiserpaar Konstantin und Helena, im Tympanon die Verklärung Christi (Ende 10. Jh.)

67 El Nazar – Details der Fresken mit Szenen aus dem Leben Christi und Bildern von Propheten, Evangelisten und Märtyrern (Ende 10. Jh.)

68/69 Felstürme im Tal von Avcilar, dahinter rechts die Landschaft von Göreme

Eingang in die Fachliteratur gefunden hat. Ein solcher Streifzug durch diese abgelegenen und selten besuchten Täler und Höhlensiedlungen kann dem Besucher auch heute noch einen lebendigen, tief empfundenen Eindruck von dem herrlichen »Abenteuer Archäologie« vermitteln, wie es uns Hans Rott zu Beginn des 20. Jahrhunderts nach einer Forschungsreise, die ihn auch in das Gebiet von Göreme führte, so reizvoll geschildert hat:

»Man muß im Vollmondschein einer lichtvollen Nacht die Troglodytenlandschaften zwischen Indjesu und Newschehr gesehen haben, mit den gewundenen Labyrinthen ihrer Täler und ihren monströsen Gebilden, um die phantastischsten und schaurig-schönsten Eindrücke genossen zu haben. Die halbvergessenen Fabeln der Kindheit von Biskuithäuschen, von Hänsel und Gretel, von verwunschenen Schlössern und dämmerigen Grotten wie die Walpurgisnacht kamen mir immer und immer wieder in den Sinn. Hier führt unverhofft ein niedriger Gang zu einem heimlichen, säulengetragenen Winkel, dort tritt man plötzlich in große Hintergemächer mit völlig veränderter, fremdartiger Aussicht, hier weht mit einemal eine starke Zugluft herein, die von einem anderen Tälchen herkommt und bald weiß man nicht mehr, wo die liebe Sonne und der Mond steht. Dort steigen wir durch eine halbeingestürzte Decke in eine Kapelle hinab, in der uns wüst erbrochene Gräber mit ihren Gebeinen anstarren; dort kriecht man durch Rebengeschlinge und wilde Birnbaumhecken rückwärts durch ein enges Loch zu den Heiligen hinab, die allmählich Fleisch und Blut an den Wänden gewinnen, wenn die Augen sich von der blendenden Tageshelle zur Dunkelheit hingewöhnt haben; hier badet man tief im Wasser einer zum See verwandelten Kapelle, an deren Wänden Gräber eingeschnitten sind, deren Tote zum Bittgebet für ihr Seelenheil auffordern: Alles intime Wunder, die der Reisende bei einiger Ruhe des Verweilens an den Orten dieser 'maisons pyramidales' des Sieur Lucas erleben kann.«

Göreme

Im Talkessel von Göreme, der rings von schroffen Felskegeln und zerklüfteten Tuffwänden eingeschlossen ist, stehen wir im baulichen und geistigen Zentrum der Mönchs- und Klostergemeinschaften Kappadokiens, in dem sich in einmaliger Dichte Kirche an Kirche reiht. In frühchristlicher Zeit war Göreme nach den Akten des Heiligen Hieronymos, dessen Eltern hier ein

73

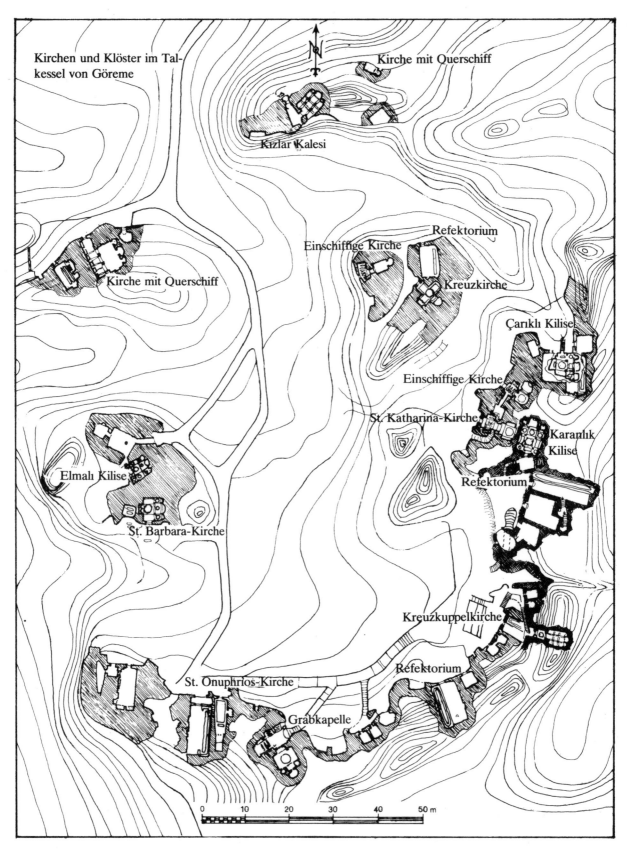

Kirchen und Klöster im Talkessel von Göreme

Kirche mit Querschiff

Kızlar Kalesi

Kirche mit Querschiff

Refektorium

Einschiffige Kirche

Kreuzkirche

Çarıklı Kilise

Einschiffige Kirche

St. Katharina-Kirche

Karanlık
Kilise

Elmalı Kilise

Refektorium

St. Barbara-Kirche

Kreuzkuppelkirche

Refektorium

St. Onuphrios-Kirche

Grabkapelle

0   10   20   30   40   50 m

kleines Landgut besaßen, noch völlig unbedeutend im Vergleich zum nahen Matiana (Avcilar) oder Çavuşin. So läßt sich von den vielen Kirchen von Göreme auch nur eine einzige kleine Kapelle in das 6. oder 7. Jahrhundert datieren. Nach der Zerstörung der Kapelle durch einen Felssturz ist auch ihre präikonoklastische Malerei weitgehend verblichen, so daß nur noch die Büste Christi über dem Altar und im Deckengewölbe ein Juwelenkreuz auf Laubwerk zu erkennen sind. Mit dem Ende des Bilderstreites setzt der große Aufschwung in Göreme ein, dem wir aus dem 9./10. Jahrhundert eine Vielzahl von zumindest kleinen Kapellen und Kirchen verdanken. Größere Abmessungen begegnen uns eigentlich nur bei zwei Kirchen aus dem 10. Jahrhundert: Kılıçlar Kilise und die »Neue Kirche« von Tokalı, die im Anschluß an eine kleinere und ältere Kapelle noch tiefer in den Felsen hineingehöhlt und mit Bildern ausgestattet ist, die keinen Vergleich mit anderen Malereien dieser Zeit im ganzen byzantinischen Reich zu scheuen brauchen.

Den nächsten Schritt in der Entwicklung von Göreme kennzeichnen die bedeutenden Klosterkirchen des 11. Jahrhunderts, unter ihnen an erster Stelle die drei Säulenkirchen: Karanlık Kilise, die »dunkle Kirche«, Çarıklı Kilise, die »Kirche mit der Sandale«, und die Elmalı Kilise, die »Kirche mit dem Apfel«. Doch damit ist die Reihe der Kirchen, die der frommen Bauwut des 11. Jahrhunderts ihre Entstehung verdanken, noch längst nicht abgeschlossen. Zahlreiche Kapellen, ein- oder mehrschiffige Kirchen, solche mit Querschiff und solche nach dem Plan des freien Kreuzes sowie Kreuzkuppelkirchen finden sich in bunter Vielfalt nebeneinander. Viele von ihnen beeindrucken durch die Farbenpracht und reiche Thematik ihrer Bemalung, so daß es schwerfällt, die bedeutendste Kirche hervorzuheben: die Meryemana Kilise, die St. Onuphrios-Kirche oder die St. Barbara-Kirche.

In Göreme scheint das weiche Tuffgestein bis an die Grenzen seiner Belastbarkeit ausgehöhlt zu sein und auch in den Seitentälern El Nazar und Kılıçlar finden sich teilweise eng gedrängt zahlreiche Kirchen und Klöster. Dorthin mußten die Mönche ausweichen, als das engere Tal von Göreme im 11. Jahrhundert vollständig »zugebaut« war. Deshalb ist auch die geographische Verteilung der Kirchen einzelner Bauphasen interessant. Die Kirchen des 10. Jahrhunderts konzentrieren sich in den beiden mächtigen Felskegeln im Nordosten und in der Tuffwand im Osten des Felskessels. Die Kirchen des 11. Jahrhunderts dagegen ziehen sich von diesem früheren Kirchenzentrum aus um das ganze Tal herum, um schließlich auch vereinzelt in dessen engerer Umgebung aufzutreten.

Auffällig ist, daß die Tätigkeit der Architekten und Künstler in Göreme mit den Prachtbauten des 11. Jahrhunderts abbricht. Spätere Kirchen sind nicht bekannt, doch belegen Sgraffiti in den großen Säulenkirchen die Fortführung der byzantinischen Wallfahrtstradition durch die griechische Bevölkerung bis in das 19. Jahrhundert.

Zelve

Abseits der Hauptstraßen liegt Eski Zelve, das alte Zelve, im Zentrum von vier ineinanderfließenden Schluchten am Steilabfall eines Tafelberges in einer der phantastischsten Landschaften Kappadokiens. Die Straße über Yeni Zelve, das neue Zelve, in das die Bevölkerung erst zu Beginn der fünfziger Jahre umgesiedelt worden ist, ist ebenso leicht zu finden wie der direkte Weg, der von der Straße Çavuşin-Avanos hinter der St. Johannes-Kirche in Çavuşin nach rechts abzweigt.

Wie andere Göremedörfer als Versteck aus dem Felsen geschlagen, vermittelt das alte Zelve nach Auszug der modernen Bevölkerung ein beeindruckkendes Bild einer byzantinischen Mönchskolonie. Zwei große Basiliken aus präikonoklastischer Zeit stehen am Fuße der Steilhänge. Darüber sind die schroffen Klippen mit kleinen Kapellen und Klausen übersät, die nicht immer leicht zu erreichen sind und als Schmuck meist ein in Stein geschlagenes Kreuz tragen. Auffallend ist die relativ große Zahl von präikonoklastischen und ikonoklastischen Kirchen, von denen die letzteren den Vorschriften des Bilderverbotes folgend nur mit verschiedenen Varianten des Kreuzzeichens versehen sind. Da aber auch die präikonoklastischen Kirchen kaum Bilderschmuck zeigen, liegt die Vermutung nahe, daß die Mönche von Zelve die Bilderverehrung bereits vor Ausbruch des Ikonoklasmus abgelehnt und zumindest stark eingeschränkt haben. Als Beispiel sei von den beiden Basiliken die Üzümlü Kilise, die »Kirche mit den Weintrauben«, genannt. Außer der Darstellung von Josef in der Apsis finden wir nur Medaillons, umlaufende Ornamentbänder, Kreuz- und Fischsymbole, Palmen und vor allem die kunstvollen Weintraubenornamente um die beiden großen Deckenkreuze, nach denen die Kirche ihren heutigen Namen erhalten hat.

Wenn wir darüber hinaus feststellen, daß auch aus der Zeit nach dem Ikonoklasmus nur zwei kleinere Darstellungen sowie eine Inschrift aus der Regierungszeit von Kaiser Leon VI. (886-912) vorliegen, so darf vermutet werden, daß diese Mönchsgemeinde den Bildersturm nicht unbeschadet über-

76

standen hat. In diesem Zusammenhang müssen die talabwärts liegenden Einsiedeleien des 10. Jahrhunderts ausgeklammert werden, von denen der malerisch ausgemalte St. Simeon-Kegel bereits genannt worden ist. Es ist nicht anzunehmen, daß sich die hier einsam und abgelegen lebenden Eremiten zur Mönchsgemeinschaft von Zelve gerechnet haben.

Çavuşin

Das nur wenig westlich von Zelve gelegene Dorf Çavuşin wird von einer mächtigen, etwa 60 m hohen Felswand überragt, in die fast bis an die oberste Kante sehr viele Eremitenklausen eingelassen sind. Gewissermaßen als Mittelpunkt dieser Einsiedeleien erkennt man schon von weitem etwa auf halber Höhe in dieser Wand über dem Friedhof die mächtige Fassade der Täuferkirche. Wahrscheinlich schon im 5. Jahrhundert errichtet, dürfte sie die älteste Kirche im Gebiet von Göreme sein, die zudem in der Religionsgeschichte dieser Landschaft eine besondere Rolle gespielt hat. Hier wurde nämlich die Hand des Heiligen Hieronymos verehrt, der aus dem benachbarten Avcilar stammte und gegen Ende des 3. Jahrhunderts in Melitene den Märtyrertod fand. Zahlreiche ex voto-Täfelchen geben uns Kenntnis von einer regen Verehrung dieser Reliquie, von der sicher auch das etwas nördlich gelegene »Taubenhaus« von Çavuşin profitiert haben dürfte. Dahinter verbirgt sich eine Höhlenkirche zur Erinnerung an die Pilgerfahrt des Kaisers Nikephoros II. Phokas zu den Klöstern dieser Gegend im Jahre 964/965. In der Nordapsis ist der Kaiser zusammen mit seiner Familie abgebildet.

Ebenfalls noch zum Bereich von Çavuşin gehören zwei Täler südlich des Dorfes mit Namen Güllü Dere, das rosafarbige Tal, und Kızıl Çukur, der rote Fluß, deren Kirchen und Einsiedeleien sowohl von Çavuşin als auch von Ortahisar nicht mehr als 2 km entfernt liegen und von beiden Richtungen auf landschaftlich sehr reizvollen Wegen zu erreichen sind.

Die Kirche zu den drei Kreuzen in Güllü Dere und die Kirche des Säulenheiligen Niketas in Kızıl Çukur, die der Volksmund auch Üzümlü Kilise nennt, repräsentieren den hier vorherrschenden Kirchentyp mit präikonoklastischer Malerei und Skulptur, dessen Kennzeichen die Flachdecke mit Skulpturarbeiten ist — meist ein mächtiges Reliefkreuz umgeben von Medaillons und Blattornamenten. In der Kirche zu den drei Kreuzen erkennen wir an der Decke drei Kreuze im Kranz zwischen Palmen. In der Üzümlü Kilise nimmt ein schlichtes monumentales Kreuz die gesamte Deckenfläche ein.

Am Talende von Kızıl Çukur verdient unser besonderes Interesse noch die Haçlı Kilise, die Kreuzkirche, in der wir deutlich zwei Phasen der Ausgestaltung feststellen. Noch unter dem Eindruck der ikonoklastischen Skulptur, die sich eindrucksvoll in dem monumentalen, auf den Besucher des niedrigen Kirchenraumes fast erdrückend wirkenden Deckenkreuz zeigt, verharren wir überrascht in der Apsis vor einem Gemälde des 10. Jahrhunderts. Hervorragend erhalten steht dieses Bild der Maiestas Domini, eine Weiterentwicklung des Pantokratorbildes seit dem 8. Jahrhundert, umgeben von den Evangelistensymbolen Engel für Matthäus, Löwe für Markus, Stier für Lukas und Adler für Johannes in seiner bewegten Gestaltung und mit seinen frischen Farbabstufungen in Blau und Rosa in einem unglaublich reizvollen Kontrast zur starren Steinskulptur früherer Jahrhunderte.

Avcilar

Das byzantinische Matiana, welches armenische Christen später Maçan und die Türken erst in jüngster Zeit Avcilar nannten, ist die Heimat des Heiligen Hieronymos. Dieser wurde als einfacher Weinbauer in diokletianischer Zeit zum Kriegsdienst gegen die Perser gepreßt und zusammen mit einigen unglücklichen Kameraden im Legionslager von Melitene hingerichtet. Aus seinen für die historische Topographie des Tales von Göreme aufschlußreichen Akten, die spätestens zu Beginn des 7. Jahrhunderts verfaßt worden sind, erfahren wir mit Korama auch den byzantinischen Namen von Göreme.
Das wohl auffälligste Denkmal, das man in dieser Felsenlandschaft nicht erwartet, ist auf dem östlichen Ufer des Maçan Cayı das von einer hohen Säule überragte römische Grab. Dieses weist vielleicht auf die antike Nekropole hin, die dann aber unter einem Teil des modernen Dorfes Avcilar liegen würde. Das byzantinische Matiana selbst, das im 11. Jahrhundert zum Bischofssitz erhoben wurde, lag nach Ausweis seiner Kirchen inmitten fruchtbaren Kulturlandes auf dem westlichen Flußufer. Fünf Kirchen, die in der Literatur zum Teil nach ihren türkischen Besitzern benannt sind, liegen im Dorf oder nur wenige hundert Meter westlich davon. Lediglich ein Besuch der großartig erhaltenen Wandmalereien in der Karabulut Kilisesi, »Kirche der schwarzen Wolke«, erfordert einen Fußmarsch von etwa einer halben Stunde in südlicher Richtung.

Ürgüp

Das alte Osiana an der Durchgangsstraße von Kayseri über Nevşehir nach Aksaray liegt am Fuße eines Tafelberges, der die früheren Wohnanlagen der Stadt beherbergt und schroff aus der Hochfläche aufragend die Sicht auf den Erciyas Dağı, den allgemeinen Orientierungspunkt dieser Gegend, verdeckt. Am Hang gelegen entwickelte sich der Ort unter den Seldschuken zu einem wichtigen Handelszentrum in Mittelanatolien und bewahrte sich diese Bedeutung bis zum Vorabend des 1. Weltkrieges, was auch in der Verleihung des Stadtrechtes durch Ibrahim Paşa zum Ausdruck kommt. Das moderne Ürgüp gilt für den Touristen als bevorzugtes Einkaufs- und Übernachtungszentrum, dessen Teppiche, Weinsorten und Handarbeiten die Käufer locken. Für den an christlichen Baudenkmälern interessierten Reisenden kann Ürgüp jedoch nur als Stützpunkt dienen, von dem aus er das umliegende Gebiet mit den vereinsamten Klöstern durchstreifen kann.

Beginnen mag der Besucher seine Entdeckungsfahrten im 5 km von Ürgüp entfernten Ortahisar, der höchstgelegenen Siedlung dieses Gebietes. Ein Rundgang durch die schmalen Gassen wird ihm außer der Besichtigung kunsthistorischer Kleinodien zugleich auch einen Eindruck von der überwältigenden türkischen Gastfreundschaft und deren Bedeutung in dörflich unverfälschten Landgemeinden vermitteln. Nach dem Besuch der zwei örtlichen Kirchen, der Harım Kilise und der Cambazlı Kilise, beide reich an Wandgemälden mit Szenen aus dem Leben Christi und Bildern von Propheten und Heiligen, reizt ein Aufstieg zur Felsnadel über dem Dorf, der Burg (Kale) und ältesten Siedlung von Ortahisar. Ein einmaliger Rundblick über die weite kappadokische Landschaft belohnt den mühsamen Aufstieg und zeigt das Dorf mit seinen Gassen und ineinander verschachtelten Häusern und Innenhöfen aus der Vogelperspektive.

Unterirdische Gänge verbinden diese Burg mit der in kurzer Entfernung aus der Hochebene aufragenden Isa Kale, zu der auch eine unterirdische Verbindung von der Harım Kilise vorhanden sein soll. Beide Burgberge und ihre verzweigten Höhlensysteme dienten den Christen während der Arabereinfälle als ideale Schlupfwinkel, zumal von außen kaum Wohnanlagen innerhalb der Felsen vermutet werden konnten. Diese sind zum Teil noch heute bewohnt, obgleich die türkische Regierung durch ein staatliches Wohnungsbauprogramm versucht, für Familien aus den vom Einsturz bedrohten Höhlenwohnungen und den ebenfalls gefährdeten Häusern direkt unter der Burg neue Wohnmöglichkeiten zu schaffen. Die als Verstecke ausgebauten christlichen Unterkünfte dienen sonst heute mit ihren Kellern und Gewölben zur Lagerung von Zitronen, mit denen so das ganze Jahr hindurch in allen Teilen der Türkei gehandelt werden kann.

Im Weinanbaugebiet nördlich von Ortahisar können die Eremitenklause und die Kapelle des Säulenheiligen Niketas bequem zu Fuß aufgesucht werden. Die Wandbilder in der Kapelle gehören zu den schönsten des 7./8. Jahrhunderts und zeigen neben der Kreuzigungsszene den berühmten syrischen Säulenheiligen Simeon, Schutzpatron und Vorbild des Niketas. Neben den Gemälden im St. Simeon-Kegel von Zelve geben diese Darstellungen einen weiteren Hinweis auf die große Beliebtheit, der sich der Kult mit diesem Heiligen im östlichen Mönchtum erfreute.

Nicht auslassen sollte man einen Besuch der im Südosten von Ortahisar gelegenen Kirche des Heiligen Theodor, die mit ihrer naiven Malerei vom Ende des 9. Jahrhunderts in einem reizvollen Kontrast zu den ausschließlich nach byzantinischen Vorbildern gestalteten Bildwänden der meisten Kirchen von Göreme steht. Sie gehört zu einer Reihe von Kirchen, zu denen auch die St. Eustathios-Kirche und viele der orientalisierend ausgeschmückten Kirchen im Tal von Peristrema zu zählen sind. Wir finden hier die Vorbilder aus der byzantinischen Kunst zumindest stark verfälscht, einheimische Motive treten in den Vordergrund und die Kunst wird so zur Folklore. »Lokalkolorit«, das besonders bei der meist sehr malerischen Kleidung deutlich wird, und Naivität, die uns in der Zeichnung der Figuren und vor allem ihres Gesichtsausdruckes entgegentritt, sind die wesentlichen Merkmale dieser volkstümlichen Malerei.

Weitere Stätten, die in der engsten Umgebung von Ürgüp einen Einblick in die christliche Vergangenheit des Landes erlauben, sind die Kloster- und Kirchenanlagen von Kepez, unter denen eine große architektonisch ausgereifte Kreuzkuppelkirche des 11. Jahrhunderts mit roten Strichzeichnungen von Vögeln, Tannenzweigen und anderen christlichen Symbolen herausragt, und die Kirchen im Tal des Balkan Deresi nur wenige Kilometer südlich von Ürgüp. Zu den letzteren führt der beste Weg durch das im Sommer ausgetrocknete Flußbett unterhalb von Ortahisar, wobei die Begleitung durch einen ortskundigen Führer und vielleicht auch die Verwendung von Reittieren angemessen scheint. Immer wieder ziehen die kunstvollen Fassaden der Taubenschläge die Aufmerksamkeit auf sich, die zu beiden Seiten des Flusses in die aufragenden Felswände eingelassen sind und den Besucher bis zu

einer Gruppe von vier Kirchen geleitet. Diese enthalten zwar stark beschädigte, aber schon auf Grund ihres Alters – zwei Anlagen werden in das 6. Jahrhundert datiert – bedeutende Skulpturen und Malereien. So ist der zentrale Raum eines Klosters in Reliefarbeit mit einem Deckenabschlußfries, mehreren Rosetten und einer Dattelpalme als Symbol des ewigen Lebens geschmückt. In unmittelbarer Nähe dieser Klosteranlage liegt eine kleine Kapelle, in der die etwas verblichenen Bilder einzelnen Stationen im Leben des Heiligen Basileios, des Metropoliten von Kaisareia, gewidmet sind. Ebenfalls an eine Persönlichkeit der frühen Kirche werden wir im nahezu parallel zum Balkan Deresi verlaufenden Tal des Üzengi Dere erinnert. Hier steht die Kirche der heiligen Apostel von Sinassos, deren Kuppel auf den Baumeister zurückgeht, der die »Alte Kirche« von Tokalı geschaffen hat. Im Dorf Sinassos (Mustafa Paşa Köyü), das bis zum großen Bevölkerungsaustausch im Jahre 1923 ausschließlich von Griechen bewohnt war, gibt es keine byzantinische Kirche, wohl aber ein Gotteshaus mit Fresken aus dem 19. Jahrhundert. Die alten Kirchen liegen etwas außerhalb, doch findet der Fremde unter den Kindern des Dorfes schnell hilfsbereite Führer, die sogar die Namen der in den Kirchen dargestellten Heiligen kennen. Das besondere Interesse gilt natürlich der ikonoklastischen Kirche des Heiligen Basileios, die inschriftlich in die Jahre zwischen 726 und 780 datiert ist. Ihr Wandschmuck schöpft aus dem reichen Formenschatz der ikonoklastischen Zeit, angefangen bei einfachen Wellenbändern und Rautenmustern bis hin zu komplizierten Kassettenfeldern und Schachbrettmustern, die das breite Juwelenkreuz in der flachen Kirchendecke einfassen. Symbolischen Charakter haben die drei von einem Schlingband zusammengehaltenen Kreuze im Apsisbogen, die für Isaak, Abraham und Jakob stehen, deren Namen beigefügt sind. Ganz deutlich kommt schließlich der ikonoklastische Gedanke neben einem Kreuz, aus dessen Fuß Blätter herauswachsen, in einer kurzen Inschrift zum Ausdruck: »Der durch das Kreuz dargestellte Christus leidet keinen Schaden, da man ihn nicht durch ein Bild wiedergeben könnte.«
Neben der Kirche des Heiligen Basileios sollen zwei andere interessante Kirchen nicht übergangen werden. Dabei handelt es sich einmal um die Timios Stavros-Kirche, die »Kirche vom Ehrwürdigen Kreuz«. Sie gehört zu einer Klosteranlage, die auf einem Felssporn gelegen wie eine Festung über das Tal des Üzengi Dere wacht. Leider diente das weitgehend gemauerte Kloster noch vor wenigen Jahrzehnten der Bevölkerung von Mustafa Paşa Köyü als Steinbruch, so daß viel Bausubstanz verloren ist. Glücklicherweise aber ist

die Kirche mit ihren Wandgemälden erhalten geblieben, von denen das Bild des Pantokrators umgeben von den 12 Aposteln Aufmerksamkeit verdient. Die andere kunsthistorisch bedeutsame Kirche bei Sinassos trägt den Namen Tavşanlı Kilise, die »Kirche mit dem Hasen«, die inmitten von verwirrenden Felsengärten unterhalb des geschotterten Fahrweges von Ortahisar über Ibrahim Paşa Köyü nach Mustafa Paşa Köyü liegt. Ihre Bildwände behandeln Themen aus den Evangelien und sind durch eine Inschrift in die Regierungszeit des Kaisers Konstantin VII. Porphyrogennetos (913-920) datiert. Der aufmerksame Betrachter erkennt aber an manchen Stellen unter den Bildern des 10. Jahrhunderts eine ältere, aus der Zeit des Ikonoklasmus stammende Bemalung mit einfachen Ornamenten und Quaderimitationen, die auch bei anderen Kirchen wie bei der St. Onuphrios-Kirche in Göreme wieder zum Vorschein gekommen sind.

Auf der Fortsetzung unserer Fahrt nach Süden erreichen wir kurz vor Damsa (Taşkin Paşa Köyü) im Seitental Gorgoli das Archangelos-Kloster, das in idealer Lage an einer Quelle und einem heiligen Brunnen errichtet worden ist. Die gesamte Architektur, vor allem die Abnutzung des Refektoriums, legen die Annahme nahe, daß es sich um eine der ältesten Klosteranlagen in Kappadokien handelt. Besondere Aufmerksamkeit erweckt die zum Kloster gehörende Kapelle des Heiligen Stephanos aus dem 7./8. Jahrhundert. Ihre frühen ornamentalen Malereien − es ist nicht gesichert, ob sie in die ikonoklastische oder noch in die präikonoklastische Phase einzustufen sind − ermöglichen einen kunsthistorischen Vergleich mit der figürlichen Bemalung des 11. Jahrhunderts in der St. Michael-Kirche, die aus der jüngeren Bauphase des Archangelos-Klosters stammt.

Das nahe Damsa, dessen byzantinischer Name Tamisos urkundlich belegt ist, wird im wesentlichen durch eine vielfältige islamische Bautätigkeit geprägt. Die wenigen christlichen Kirchen sind heute sehr verfallen. Erst im 14. Jahrhundert wurde dieses Städtchen zum Bischofssitz erhoben, indem es diesen Rang von dem 3 km südlich gelegen Suveş übernahm, das erstmals im 10. Jahrhundert als Sitz eines Bischofs in Erscheinung trat. Dort kann auch heute noch die Doppelkirche der 40 Märtyrer von Sebasteia besichtigt werden, die auch in anderen Orten Kappadokiens im Mittelpunkt christlicher Verehrung stehen. Ihre Kirche, deren Gemälde die Jahresangabe 1216/1217 tragen, gehört zu den letzten Zeugnissen einer bescheidenen Blüte christlicher Gemeinschaften und christlicher Kunst im Gebiet von Ürgüp unter den Seldschuken.

Felswände mit
Wohnhöhlen und
Taubenschlägen im Tal
von Soğanlı (Zeichnung
von W. J. Hamilton)

Soğanlı

Etwa 47 km südlich von Ürgüp erreicht der Reisende die zumeist in präikonoklastischer Zeit oder erst seit dem 10. Jahrhundert entstandenen Kirchen
von Ortaköy und Güzelöz, von denen die Kapelle des Heiligen Georg als
Heimatkirche dieses kirchlichen Nationalhelden Kappadokiens gilt, und tritt
in ein zerklüftetes Tal ein, das durch steile Wände und chaotische Felstrüm-
mer immer weiter eingeengt wird. Überall in den Felswänden ziehen die mit
Kalk vertünchten und mit einfachen Malereien von Vögeln, Bogenschützen
und Ornamenten verzierten Taubenschläge die Blicke auf sich. Auch heute
noch werden die massenhaft umherflatternden Tauben von den Bauern gewissermaßen als »heilige Tiere« geschätzt, da ihr Dung zur Verbesserung der
Vulkanerde und zur Trauben- und Gemüsezucht unentbehrlich ist.
Im Tal von Soğanlı haben Mensch und Natur in enger Zusammenarbeit eines
der bekanntesten Kirchentäler der Welt geschaffen. Die Erosion des Ge-
steins wurde ergänzt durch die vom christlichen Glauben getriebenen Menschen, die in harter Arbeit dem Felsen ihre Behausungen und Kultstätten
abgerungen haben. Ihre religiöse Überzeugung als Triebfeder für die gewal-

tigen Leistungen wird in der Tatsache deutlich, daß wenige Wohnbauten einer Vielzahl von Kapellen und Kirchen gegenüberstehen, die das Tal von Soğanlı als ein weiteres geistiges Zentrum des kappadokischen Mönchtums neben Göreme ausweisen.

In den Kirchen von Soğanlı haben sich Malereien aus dem 9.-13. Jahrhundert erhalten, von denen einige glücklicherweise durch Inschriften in ihrer Datierung gesichert sind. Das gilt sowohl für die Fresken in der St. Barbara-Kirche, die in den Jahren 1006 oder 1021 ausgemalt wurde, als auch für die Karabaş Kilise, die »Kirche mit dem schwarzen Kopf«, die in der Regierungszeit des Kaisers Konstantin X. Dukas (1059-1067) im Auftrage des Militärbefehlshabers Michael durch den Mönch Nephon und die Nonne Hekaterine mit Wandgemälden geschmückt wurde. Diese Stifungstätigkeit durch einen hohen kaiserlichen Offizier ist keine Seltenheit. Fast hat es den Anschein, als wolle man sich nach dem Bildersturm durch den Nachweis seiner orthodoxen Kirchlichkeit die Gunst des Kaisers sichern.

In der Karabaş Kilise sind die Bilder des 11. Jahrhunderts, wie das schon bei anderen Kirchen beobachtet werden konnte, großzügig über ältere, ornamentale Bildfolgen und Quaderimitationen aufgemalt worden. Die Einrichtung dieser Felskirche ist also erheblich vor der Mitte des 11. Jahrhunderts anzusetzen. Gleiches mag nach architektonischen Kriterien auch für die St. Barbara-Kirche zutreffen, in der allerdings keine ältere Bemalung festgestellt werden konnte.

Die Malereien beider Kirchen stehen in ihrem Farbenreichtum und in der Auswahl ihrer Motive, die weitgehend den Evangelien entnommen und in großen Bilderzyklen zusammengefaßt sind, stellvertretend auch für die anderen Kirchen des Tales von Soğanlı. Neben Propheten- und Heiligenbildern erkennt der Betrachter in verschiedenen Variationen die Stationen des Lebens Christi: Verkündigung, Reise nach Bethlehem, Geburt, die drei Weisen aus dem Morgenland, Flucht nach Ägypten, Taufe, Auferweckung des Lazarus, Einzug in Jerusalem, Abendmahl, Verrat, Kreuzigung, Auferstehung, Himmelfahrt und viele andere Bilder.

Auf der nördlichen Talseite gegenüber der St. Barbara-Kirche befindet sich ein sehr auffälliger Komplex von drei Höhlenkirchen, die alle mit dem Namen »Kubelli« (überkuppelt) näher bezeichnet werden und unter den kappadokischen Kirchenanlagen einzigartig sind. Ist der Großteil der christlichen Kultstätten vollständig in das Berginnere verlegt, so kam es den Erbauern hier offensichtlich darauf an, den Felskirchen auch eine äußere architek-

Kubelli Kilise II im Tal
von Soğanlı

tonische Form zu geben. Daher werden diese pittoresken Felskegel im 10.
Jahrhundert zu Kuppelkirchen mit Langhaus und Dach gestaltet, wobei das
Kuppeldach durch Kranzgesimse und Auskerbungen gegliedert wie ein
zylindrischer Tambour mit Spitzdach wirkt.

Die einstigen Wohnräume und Kapellen liegen in bis zu sieben Stockwerken
übereinander. Schächte und heute meist zerstörte Wendeltreppen ermöglichen den Zugang von einem Stockwerk zum anderen. Im architektonischen Detail der Kapitelle und Ornamente machen sich hier ebenso wie bei
anderen Kirchen im Tal von Soğanlı armenische Einflüsse bemerkbar. Die

93

christlichen Armenier gehörten zu den bedeutendsten Baumeistern der byzantinischen Zeit und haben nicht nur auf die Kirchenarchitektur, sondern auch auf die Gestaltung der seldschukischen Karawansereien einen großen Einfluß ausgeübt.

Hinsichtlich der malerischen Ausschmückung der drei Kuppelkirchen ist hervorzuheben, daß außer den üblichen Szenen aus dem Leben Christi in der Kirche Kubelli I auch Darstellungen mit dem Martyrium der Apostel Petrus und Paulus zu finden sind. In der Tonnenwölbung zeigt ein Bild die beiden Apostel in der Verhandlung vor Kaiser Nero, ein weiteres ihre Abführung in das Gefängnis. Gemälde mit dieser Thematik sind nur noch aus einer kleinen Kapelle im Tal des Balkan Deresi bekannt.

Angesichts der großartigen Bildwände und architektonischen Besonderheiten der christlichen Denkmäler im Tal von Soğanlı schmerzt es, den fortschreitenden Verfall vieler Felskirchen durch die Kräfte der Erosion und die Einwirkungen des Menschen – viele alte Kirchen werden von der Bevölkerung als Viehställe oder Lagerräume genutzt – ansehen zu müssen. Heute kennen wir einige besonders interessante Kirchen wie die Ballık Kilise, die »Kirche mit dem Fisch«, nur noch von Fotografien des französischen Archäologen Guillaume de Jerphanion, der in der 1. Hälfte des 20. Jahrhunderts eine bemerkenswerte Dokumentation zu den kappadokischen Felskirchen vorgelegt hat, oder anderer Forscher, die seine Arbeiten fortgeführt haben. Doch kommt diese Entwicklung nicht überraschend, denn schon Hans Rott hat nach seiner Forschungsreise des Jahres 1905 eindringlich die verhängnisvolle Erosionsarbeit der Natur geschildert, die nach neuen Formen der Landschaft zu suchen scheint:

»Senkrechte Felsklippen engen das Tal ein, von deren Höhe durch die Wirkungen des Wassers und der Erdbeben riesige Trümmer zur Talsohle niedergekracht sind samt ihren Anlagen im Innern. So kann man einen Felsblock am Bach unten sehen mit einer ausgemalten Kapelle, deren eine Hälfte hoch oben am Abhang noch sichtbar ist, während die andere unten im Tal ihre Decke dem Himmel zukehrt. Das Innere vieler Räume ist durch Abwaschungen und Abstürze bloßgelegt, manch freskengeschmückte Kapelle ist durch niedergegangene Felsmassen und Schwemmerde den Blicken für immer entschwunden. Mehrere unterirdische Kirchen, zu denen wir hier und in der Umgebung von Ürgüb hinabkriechen mußten, werden nach kaum einem Menschenalter schon versunken sein und nur noch in der Sage fortleben, die hier in diesen Tälern üppig wuchert.«

94

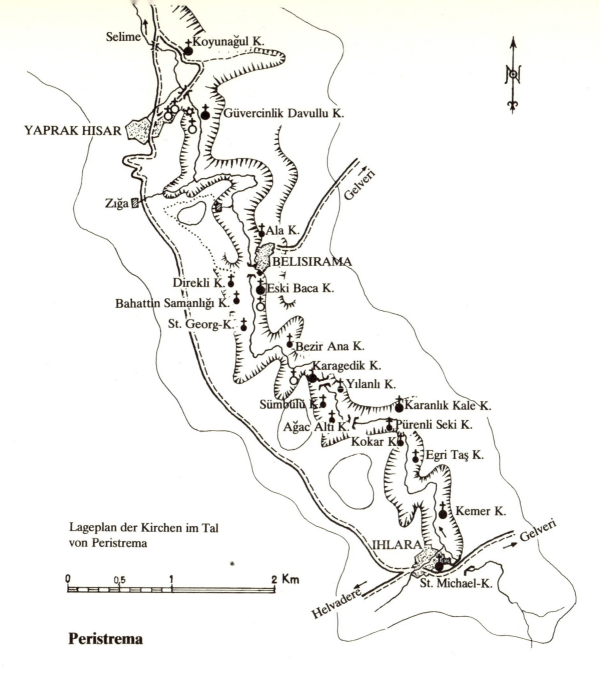

Selime + Koyunağul K.

Güvercinlik Davullu K.

YAPRAK HISAR

Zığa

Gelveri

+ Ala K.

BELISIRAMA

Direkli K. + Eski Baca K.

Bahattin Samanlığı K.

St. Georg-K.

Bezir Ana K.

Karagedik K.

+ Yılanlı K.

Sümbülü K. + Karanlık Kale K.

Ağac Altı K. + Pürenli Seki K.

Kokar K.

+ Egri Taş K.

Kemer K.

Lageplan der Kirchen im Tal
von Peristrema

IHLARA Gelveri

0   0,5   1   2 Km

St. Michael-K.

Helvadere

Peristrema

Nicht mehr zum eigentlichen Gebiet von Göreme gehören die Kirchen im
wildromantischen Tal von Peristrema zwischen Selime und Ihlara östlich von
Aksaray. Die tiefe Felsschlucht des auch im Sommer nie versiegenden Melendiz Suyu ist stellenweise so eng und senkrecht eingeschnitten, daß kaum
der blaue Himmel über diesem Felsspalt sichtbar ist, durch den der Fluß
über gewaltige Felsblöcke hinabstürzt. Dieses Gebiet hatten sich die weltentsagenden Christen zur Zuflucht erwählt und in den Felswänden zahllose
Kapellen und Klausen angelegt. Es waren die Scharen derer, die Basileios
von Kaisareia und Gregor von Nazianz zu völliger Weltverneinung in einer
unzugänglichen Wildnis begeisterten.

Das Tal von Peristrema mit seinen Mönchen und Bergklausen hat sicherlich Gregor, der im nahen Nazianz lebte, in einem Brief an seinen Freund Basileios von Kaisareia kopiert, als er in einem launigen Stil auf dessen asketisches Leben am Iris (Yesilirmak) eingeht:

»Ich bewundere Deine pontische Landschaft mit ihrem Nebel, aber auch den Dir würdigen Platz Deiner Zurückgezogenheit und bestaune die über den Kopf herabhängenden Felsen genauso wie die wilden Tiere, die Deinen Mut auf die Probe stellen. Ich sehe mit großer Bewunderung die Einsamkeit, der Du Dich unterworfen hast. Vielmehr noch aber beeindruckt mich die Salzhöhle mit den uns bekannten Schönheiten, dem Platz der Askese, dem klösterlichen Teil und der Schule. Die Wälder mit den wildwachsenden Bäumen verwundern mich genauso wie die aufragenden Bergkronen, die nicht so sehr Deine Einsamkeit umgeben als abgrenzen. Ich sehe dort auch die bemessene Luft und das einsinkende Licht, das wie durch einen Kamin zu Dir hereinstrahlt ... Nicht mit der Last der Fische, sondern mit der Tracht der Felsblökke donnert der nahe Fluß zu Tal, der große und furchtbare, dessen Rauschen die Psalmgesänge der hausenden Heiligen übertönt.«

Die Kirchen des Tales von Peristrema lassen sich nach ihren Wandmalereien in zwei Gruppen einteilen. Im Süden finden wir beim Dorf Ihlara fast ausschließlich Bilder im lokalen kappadokischen Stil mit deutlichen syrisch-persischen Einflüssen. Weiter nördlich um Belisirama schließt sich eine Kirchenlandschaft an, in der die Gemälde der Kirchen und Klöster vom byzantinischen Reichsstil beeinflußt sind. Die bedeutendsten Kirchen von Ihlara wie die Eğri Taş Kilise, die »Kirche des schiefen Steins«, die Ağaç Altı Kilise, die »Kirche unter dem Baum«, die Yılanlı Kilise, die »Kirche mit der Schlange«, die Kokar Kilise und die Pürenli Seki Kilise sind zum Teil bereits in präikonoklastischer Zeit ausgemalt worden. Sie weisen darüber hinaus verschiedene Stufen einer späteren Bemalung auf, so daß eine kontinuierliche Entwicklung der christlichen Schmuckformen seit frühester Zeit ablesbar ist.

Die Abgelegenheit der Kirchen und Klöster von Ihlara hat die Mönche und Eremiten gegen die religiösen Streitigkeiten ebenso wie gegen die Einfälle der Araber abgeschirmt. Aus diesen Gründen war hier eine künstlerische Sonderentwicklung möglich, die durch die vielen Reisenden, die auf dem Wege aus den östlichen Provinzen nach Konstantinopel das Tal von Peristrema passierten, ganz wesentlich verstärkt worden ist. An die Klostergemeinschaften, die noch in der ungebrochenen Tradition des östlichen Mönchtums standen, wurden neue Impulse aus dem Orient herangetragen, so daß sich in den Malereien ihrer Kirchen eine zunehmende orientalisierende Darstellung in Verbindung mit lokalen kappadokischen Motiven feststellen läßt. Vor allem die Eğri Taş Kilise zeigt in den Bildern der drei Weisen aus dem Morgenland und der Flucht nach Ägypten deutliche Anlehnungen an orientalische Vorbilder. Auch die Gemälde der Ağaç Altı Kilise sind vollständig unabhängig von der byzantinischen Tradition. Besonders interessant ist in beiden Kirchen die realistische Gestaltung einzelner Details, die vor allem in den orientalischen Kostümen der drei Weisen aus dem Morgenland deutlich wird. Dem byzantinischen Christen erschließt sich in diesen orientalisierenden Bildern eine fremdartige Welt, die in Spuren auch in den Fresken der späten koptischen Kunst zu erkennen ist.

Nur wenige Kirchen im Gebiet von Ihlara enthalten Gemälde im zeitgenössischen byzantinischen Stil wie die Sümbülü Kilise, die »Kirche mit der Hyazinthe«, die sich mit den besten byzantinischen Kunstwerken messen kann. Doch liegt diese Kirche geographisch bereits im Übergang zur Kirchenlandschaft von Belisirama, die mit der Rückeroberung der östlichen Provinzen in der Mitte des 10. Jahrhunderts einen großen Aufschwung nahm. So gibt es im Gegensatz zu den Kirchen von Ihlara hier nur eine Kapelle mit präikonoklastischer Malerei, die Açıkel Ağa Kilisesi, die »Kirche des Herren mit der offenen Hand«. Der Aufschwung des 10./11. Jahrhunderts dagegen dokumentiert sich in einer Vielzahl von Kirchen mit den schönsten byzantinischen Malereien. Unter diesen muß in erster Linie sicherlich die unter Kaiser Basileios II. (976-1025) errichtete Direkli Kilise, die »Säulenkirche«, genannt werden, sodann aber auch die Bahattin Samanlığı Kilisesi, die »Kirche von Bahattins Speicher«, die Ala Kilise, die »weiße Kirche«, und die Karagedik Kilise, die »Kirche des schwarzen Passes«.

Diese hohe Blüte christlicher Baukunst und Malerei findet gegen Ende des 11. Jahrhunderts mit der Machtübernahme der Seldschuken ein Ende, doch läßt sich das religiöse Leben der Christen bis in das 13. Jahrhundert verfolgen. Es sei hier noch einmal an die St. Georg-Kirche von Belisirama erinnert, die in den Jahren zwischen 1283 - 1295 von dem Emir Basileios und seiner Frau Thamar, christlichen Vasallen der seldschukischen Sultane von Konya, gestiftet wurde und zugleich das letzte Zeugnis christlichen Eigenlebens im Tal von Peristrema darstellt. Seit dem 14. Jahrhundert fehlt jeglicher Hinweis auf weitere christliche Bautätigkeit, bis die einheimischen Griechen im 19. Jahrhundert wieder beginnen, Kirchen aus dem Fels zu schlagen.

Kirchen und Klöster im Fels

Die großartigen byzantinischen Wandmalereien haben sich vor allem in Höhlenkirchen erhalten, die zumeist in Einöden oder Wüsten so abseits angelegt waren, daß sie kaum späteren Bewohnern auf der Suche nach bearbeitetem Baumaterial zum Opfer fielen. Die Vorteile der Höhlenwohnungen, die leicht aus dem weichen Tuffstein ausgehöhlt werden konnten und gegen Hitze wie Kälte einen guten Schutz boten, sind sicherlich schon seit frühester Zeit genutzt worden. Allerdings stammen die ältesten Zeugnisse erst vom Ende des 4. Jahrhunderts. Weltflucht und Abkehr von der Zivilisation führten zu dem mönchischen Ideal einer einfachen Lebensweise, das seinen adäquaten architektonischen Ausdruck in schlichten Höhlenwohnungen fand. In dieser Zeit zog Chrysostomos als Eremit in eine Höhle bei Antiocheia am Orontes, während ein anderer Kappadokier, der berühmte Einsiedler Sabas, eine Felsengrotte bei Jerusalem bewohnte.

Erklären sich auf diese Weise auch die Höhlenwohnungen in Kappadokien, so gehen die Höhlenkirchen dieser Landschaft auf zwei berühmte Vorbilder zurück: die Geburtsgrotte in Bethlehem und die Grabeshöhle in Jerusalem. Doch während die frühen Kultstätten und Behausungen der orientalischen Mönche alle in natürlichen Höhlen angelegt worden waren, gingen die Mönche und Einsiedler Kappadokiens einen wesentlichen Schritt weiter. Überall schnitten sie aus dem leicht zu bearbeitenden Tuffstein Wohnungen und Kirchen heraus und nahmen die verschiedensten Typen und Spielarten der byzantinischen Kirchenarchitektur zum Vorbild. Einfache quer- und längsrechteckige Formen entstanden neben komplizierten Raumanordnungen, wie sie in den Kreuzkuppelkirchen Konstantinopels schon vorlagen.

Auch in der Ausschmückung ihrer Kirchen und Klöster gingen die Mönche Kappadokiens eigene Wege und trugen ganz entscheidend zur Entwicklung der christlichen Malerei bei. Allerdings ist der kappadokischen Malerei immer noch kein fester Platz in der Kunstgeschichte zugewiesen, nicht weil es an Datierungen fehlt, sondern weil neben der Übernahme hauptstädtischer Stilelemente aus Konstantinopel die Wand- und Deckengemälde in den Tälern von Göreme eine große, aus volkstümlichen Quellen schöpfende Originalität verraten. Daher können wir im Hinblick auf Architektur und Malerei der christlichen Bauten von »einer neuen Provinz der byzantinischen Kunst« sprechen, wie es G. de Jerphanion in seiner grundlegenden Publikation über die Felsenkirchen in Kappadokien formuliert hat.

Architektur

Unter den Kirchen der Täler von Göreme, die in einer Art Negativarchitektur aus dem Felsen geschlagen sind, finden sich einfache Kapellen, regelrechte Basiliken sowie prachtvolle Kirchen mit einem kreuzförmigen Grundriß und einer oder mehreren Kuppeln. Die Flachdecken, die häufig mit großen Reliefkreuzen geschmückt sind, und die Tonnengewölbe bestehen aus gewachsenem Fels. Nach außen treten diese Höhlenkirchen nur wenig in Erscheinung. Meist führt eine einfache rechteckige Tür in das Innere, und oft erkennt man über dem Eingang noch ein halbrundes Tympanon. Eine eindrucksvolle Ausnahme bilden die Fassaden, die wir von der als Narthex gebildeten Vorhalle der Karanlık Kilise in Göreme kennen. Ihre typischen Elemente sind Giebelprofile über Rundbogen und zu einem Fries geordnete schlüssellochförmige Blendarkaden. Sie sind aus der orientalisch-iranischen Architektur entlehnt, die uns in den Palastbauten der parthischen Hauptstadt Ktesiphon entgegentritt. Ähnliche orientalisch beeinflußte Fassaden sind vor allem noch aus dem Tal von Peristrema bekannt, wo das Kloster Yaprakhisar, die Ala Kilise in Belisirama und die Sümbülü Kilise in Ihlara solche rhythmisch gegliederten Fassaden zeigen.

Fassade und Vorhalle der Karanlık Kilise in Göreme

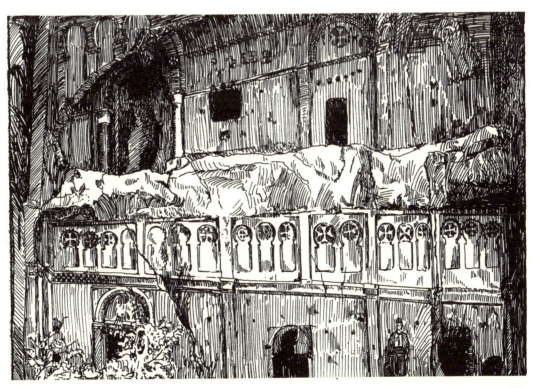

Eine weitergehende architektonische Gestaltung des Außenbaues beschränkt sich im Gebiet von Göreme auf die drei Kubelli-Kirchen im Tal von Soğanlı, deren Außenfronten von den Steinmetzen mit Blendarkaden untergliedert sind. Vorgetäuschte Quaderfugen, Nachbildung der Sparrenköpfe des Daches durch Zahnschnitt und die ausgearbeitete Kuppel mit Kegeldach und Tambour geben diesen Felskirchen eine einzigartige Form, jedoch sind damit die Beispiele einer Außengestaltung bereits erschöpft.

Sehr viel reicher und vielfältiger als die Außenfronten sind die Innenräume der Felskirchen ausgearbeitet, die sowohl in den Grundrißtypen als auch in den architektonischen Details sämtliche Formen der frühchristlichen und byzantinischen Kirchenarchitektur widerspiegeln. Die häufigste und zugleich einfachste Form ist die einschiffige Kapelle oder Basilika, die aus einem rechteckigen Raum mit einer halbrunden Apsis und dem gegenüberliegenden Eingang besteht wie bei der Bahattin Samanlığı Kilisesi in Ihlara, der Haçlı Kilise in Kızıl Çukur oder der Tavşanlı Kilise bei Sinassos. Je nach Größe des Naos sind bis zu drei Apsiden möglich, mit denen das »Große Taubenhaus« von Çavuşin ausgestaltet ist. Im allgemeinen werden diese schlichten Kapellen und Kirchen von einer Längstonne überwölbt, nur in der St. Theodor-Kirche bei Ürgüp und in der St. Stephanos-Kirche im Archangelos-Kloster bei Cemil steht der Besucher unter einer flachen Felsdecke.

Bei einer Reihe dieser Kirchen wurde das ursprüngliche Bauvolumen nachträglich durch eine Säulenvorhalle oder ein Parekklesion erweitert. Das Parekklesion ist zumeist architektonisch nicht ausgeschmückt und dient als Raum für Grablegen wie in der St. Theodor-Kirche bei Ürgüp oder in der St. Barbara-Kirche im Tal von Göreme. Spätere Umbauten haben bei einigen Kirchen sogar durch eine Verbindung des Naos mit dem Parekklesion zu einer zweischiffigen Anlage wie bei der Kirche der 40 Märtyrer in Şahinefendi geführt.

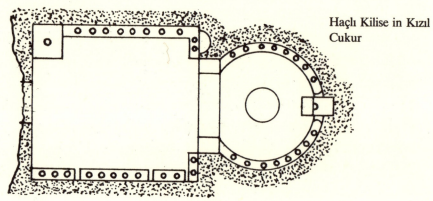

Haçlı Kilise in Kızıl Cukur

Einer zweiten Gruppe von Felskirchen sind die querrechteckigen Kirchen zuzurechnen, die sich von den bereits beschriebenen Kirchen durch größere Ausmaße und feinere Ausschmückung unterscheiden und in der Regel über drei Apsiden verfügen. Zu diesen Kirchen mit Querschiff, die wohl aus dem mesopotamischen Tur Abdin kommend über die Euphratlandschaft Kommagene auch in Anatolien Verbreitung gefunden haben, gehört neben einer großen Zahl von Kapellen in Göreme und der »Kirche zu den drei Kreuzen« in Güllü Dere als monumentales Beispiel die Neue Tokalı Kilise von Göreme. Hinter dem tiefen Atrium einer älteren Anlage liegen das Querschiff mit der Krypta und dem breit angelegten Dreiapsidenabschluß und ein im Norden angefügtes Parekklesion. Dem monumentalen Ausbau (die Tokalı Kilise ist mit 5,30 m Tiefe und 10,30 m Breite eine der größten Höhlenkirchen Kappadokiens) entspricht auch die reiche Wandgliederung mit Pilastern, Arkaden, Gesimsen und der von zwei Gurtbögen unterzogenen, für Felskirchen riesigen Quertonne.

Mit der Teilung des Naos durch eine Pfeilerarkade ist bei der Saklı Kilise in Göreme (auch St. Johannes-Kirche genannt) ein zweischiffiger Bau entstanden. Ebenso selten ist eine dreischiffige Raumgestaltung, für die ein besonders schönes Beispiel mit dem für Kleinasien typischen gedrungenen Grundriß in der Kubelli Kilise I im Tal von Soğanlı vorliegt. Sie kann in der Tat als Basilika bezeichnet werden, da die Tonne im mittleren Schiff schon wegen der größeren Breite höher angesetzt ist als in den Seitenschiffen. Im Bereich zwischen den zweischiffigen und dreischiffigen Kirchen sind noch einige unregelmäßige Bauwerke anzusetzen wie die Meryemana Kilise, die Marienkirche von Göreme, die von ihrem Grundschema her einer dreischiffigen Basilika entspricht. Die Dreiteilung des Apsidenschlusses und ihre Fortsetzung durch drei Längstonnen bis zum Templon wurde aber im Naos nicht wieder aufgenommen, der nur über zwei Tonnengewölbe verfügt. Das nordwestliche erstreckt sich über zwei Drittel des Raumes, das südöstliche überspannt das restliche Drittel. Der gemeinsame Mittelfuß dieser Gewölbe fehlt, eine der typischen untektonischen Formen, die nur in der Höhlenarchitektur möglich sind.

Den dritten wichtigen Typus in der christlichen Felsarchitektur von Göreme verkörpert die kreuzförmige Kirche, eine für ganz Kleinasien charakteristische Bauform. Hier lassen sich vier verschiedene Ausprägungen aufzeigen: Zunächst kreuzförmige Kirchen, in denen die Apsis ohne dazwischen geschalteten östlichen Kreuzarm direkt am Mittelquadrat ansetzt, wie es uns die Pläne von El Nazar in Göreme sowie Ağaç Altı Kilise und Sümbülü Kilise im Tal von Peristrema zeigen. Durch Nebenräume verschiedenster Art kann dabei die reine Kreuzform stark verfremdet werden, so daß sie oft auf den ersten Blick nur schwer zu erkennen ist.

In der zweiten Gruppe fassen wir die rein kreuzförmigen Kirchen zusammen, in denen von einem Zentralraum zumeist nur kurze Kreuzarme ausgehen. Der östliche Kreuzarm bildet die Überleitung zur Apsis. Nur wenige Bauten entsprechen diesem Typus, so die Kirche in Damsa, die Unterkirche der Kars Kilise bei Gülşehir (Arabsun) und die Yılanlı Kilise in Ihlara.

Sogar nur durch ein Bauwerk, den Trikonchos von Tağar, wird die dritte Gruppe der kreuzförmigen Kirchen in Kappadokien repräsentiert. Diese Kirche gehört aber schon auf Grund ihrer Maße von 13,75 auf 11,15 Meter zu den bedeutendsten Werken christlicher Felsarchitektur nicht nur des 11. Jahrhunderts. Trikonchale Kirchen erscheinen zudem abgesehen von Bauten des 5. Jahrhunderts auch außerhalb von Kappadokien recht selten und haben ihre bekannteste Vertreterin in der Geburtskirche zu Bethlehem.

Die vierte und bedeutendste Gruppe schließlich bilden die zahlreichen Kreuzkuppelkirchen, von denen wir hier mit der St. Barbara-Kirche, der Çarıklı Kilise, der Elmalı Kilise, der Karanlık Kilise und der Kılıçlar Kilise in Göreme, der Cambazlı Kilise in Ortahisar, der Sarıca Kilise in Kepez, der Direkli Kilise und der Ala Kilise in Belisirama sowie der Klosterkirche von

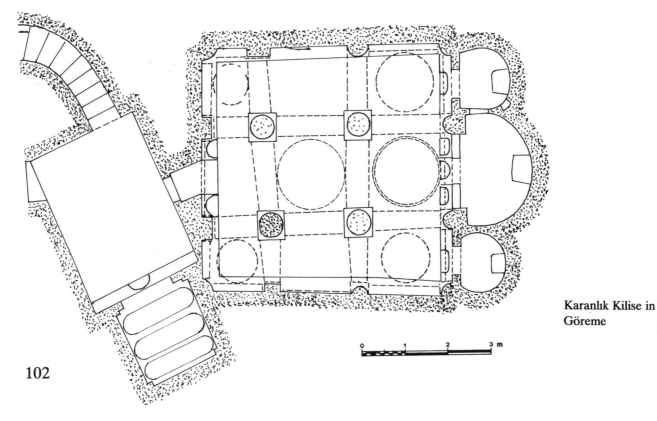

Karanlık Kilise in Göreme

Eski Gümüş nur die bekanntesten nennen können. Diese Kirchen, mit zwei oder vier stützenden Säulen ausgearbeitet, waren nach großzügigen und weiträumigen Plänen erstellt worden und hielten jeden Vergleich mit ein- oder mehrkuppeligen Kirchen der Hauptstadt Konstantinopel stand. Mit den verschiedensten Zusammenstellungen von Tonne, Kuppel, Kreuzgewölbe und Flachdecke in der Gewölbezone und vielen zufälligen oder beabsichtigten Unregelmäßigkeiten zeugen diese großen Felsbauten mit ihren freistehenden Säulen vom Vertrauen byzantinischer Steinmetzen in die Tragfähigkeit des weichen Tuffgesteins und von den fast unbegrenzten Möglichkeiten der architektonischen Formen in der Felsarchitektur.

Die kappadokische Höhlenarchitektur entwickelt, wie an den genannten Beispielen deutlich wird, keine eigenständigen Architekturformen, sondern reproduziert die vorhandenen Bautypen und variiert die bekannten Grundrisse. Den notwendigen Spielraum für ihre Variationsfreude erhielten die Architekten durch die gute Statik der negativen Tuffsteinarchitektur. Die Herkunft einzelner Bauformen, die zunächst aus den östlichen Provinzen Syrien, Mesopotamien und Armenien stammen, später aber von Byzanz und den benachbarten christlichen Zentren in Lykaonien und Pamphylien übernommen werden, ergeben keine näheren Anhaltspunkte für Datierungen. Eine Analyse der Wandgemälde hilft in dieser Frage nicht weiter. Architektur und Malerei sind getrennt zu betrachten, da zwischen Bau und Ausmalung einer Kirche Jahrhunderte liegen können. Auch lösen sich einzelne Kirchentypen nicht ab. Die einschiffigen, »archaischen« Kirchen liegen zeitlich nicht unbedingt vor den großen und reich geschmückten Kreuzkuppelkirchen. Alle Kirchentypen waren vielmehr im 8./9. Jahrhundert schon entwickelt, wie den einfachen roten Strichzeichnungen zu entnehmen ist, die überall unter den späteren kunstvollen Malereien wieder zum Vorschein kommen. Daher ist anzunehmen, daß der Raumtyp vom Verwendungszweck bestimmt worden ist: eine Kapelle für eine Einsiedelei oder eine kleine Klostergemeinschaft, eine kostspielige Kreuzkuppelkirche für eine große Mönchsgemeinschaft.

Malerei

Bei der Betrachtung der Wand- und Deckenbilder in den Kirchen von Göreme stellt sich einmal die Frage nach der Datierung und systematischen Einordnung dieser Kunstwerke, und zum anderen nach der hier herangezogenen Maltechnik. Ausführliche Auskunft über technische Aspekte der Malerei geben uns im Gegensatz zum Westen, wo die Überlieferung bis in das frühe Mittelalter zurückreicht, für das byzantinische Herrschaftsgebiet nur sehr späte Handschriften. Die bekannteste von ihnen ist das sogenannte »Malerbuch vom Berge Athos«. Hier wurden in einer Art Werkstattbuch in knappen Anweisungen die einzelnen Phasen der Malerei »al fresco« erläutert, einer Technik, bei der die Wasserfarben auf den frischen und noch nassen Kalkmörtelgrund aufgetragen werden. In dieser »Anleitung zur Wandmalerei« wird jeder Arbeitsprozeß von der Anfertigung der Pinsel über die Zubereitung des Putzes, das Auftragen des Putzes in verschiedenen Schichten, die Anfertigung der Skizzen und die Bereitung der Farben beschrieben.

Nach diesen Handschriften nahm man lange an, daß in der byzantinischen Wandmalerei ausschließlich Freskenmalerei im eigentlichen Sinne vorliegt. Neuere Analysen gerade auch der Kirchenbilder im Tal von Göreme haben aber gezeigt, daß erst in nachbyzantinischer Zeit die vielfältigen älteren Maltechniken der byzantinischen Kunst durch eine Verengung auf diese »Athostechnik« aufgegeben worden sind. So finden wir ein echtes Kalkfresko im Gebiet von Göreme wie in der St. Barbara-Kirche im Tal von Soğanlı nur vereinzelt. Zumeist ist ein Gipsputz verwendet worden, der rasch erstarrt und eine Malerei auf nassem Putz unmöglich macht. Es wurde also überwiegend in der »al secco« Technik auf einem trockenen Untergrund gemalt. Hier zeigen die Analysen zudem noch große Unterschiede in der Zusammensetzung des Verputzmaterials und in den Bindemitteln, als die Kasein oder Leim verwendet wurden. So beschrieben die Malerhandbücher der byzantinischen Zeit verschiedene Techniken, und wir finden etwa um 920/930 im Tal von Göreme zwei Secco-Techniken nebeneinander: in der Alten Tokalı Kilise eine Kasein-Secco-Technik, in einigen benachbarten Kapellen eine gemischte Secco-Technik mit Kasein- und Gummi-Emulsion. Wenn auch die bekannten späteren Malerhandbücher diese Techniken nicht aufgenommen haben und allein Freskomalerei auf nassem Kalkputz empfehlen, so hat diese »al fresco« Malerei in den Tälern von Göreme gegenüber der aus der griechisch-römischen Antike tradierten »al secco« Technik zunächst nur eine untergeordnete Rolle gespielt.

Dem Versuch, eine systematische Einteilung der Bilder in den Höhlenkirchen von Göreme vorzunehmen, kommt entgegen, daß mehrere Gemälde mit Kaiserwidmungen oder datierten Stiftungsinschriften versehen sind. Dadurch gewinnen wir ein erstes chronologisches Gerüst, in das wiederum wei-

105 Göreme – Marienkirche, Märtyrerin St. Paraskeve (1. Hälfte 11. Jh.)

106 Göreme – St. Barbara-Kirche, in der Periode des Bilderstreites erbaute Kreuzkuppelkirche mit einfachen nichtfigürlichen Motiven und Quaderimitationen (8./9. Jh.). Das Christusbild in der Apsis wurde erst gegen Ende des 10. Jhs. hinzugefügt.

107 Göreme – St. Barbara-Kirche, frühe lineargeometrische Dekorationsmuster, »Malteserkreuze« und primitive Pflanzenbilder (8./9. Jh.)

108/109 Blick von der Marienkirche auf das »Tal der Feenkamine« bei Göreme

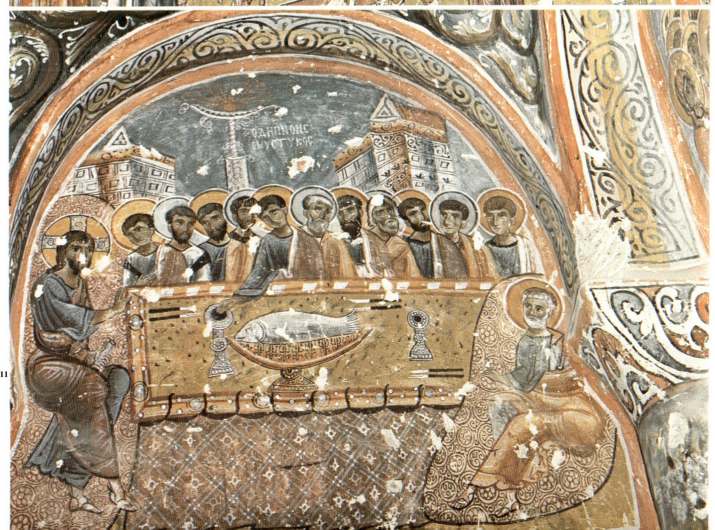

111

tere Arbeiten durch Analogieschlüsse eingeordnet werden können. Zudem besteht auch die Möglichkeit, vergleichbare Werke der christlichen Kunst aus dem gesamten Mittelmeerraum heranzuziehen. Auf diesem Wege lassen sich die Bilder im Gebiet von Göreme chronologisch in fünf Zeitabschnitte aufgliedern, wobei aber eingestanden werden muß, daß gerade bei der Vielfalt der kappadokischen Schmuckformen der Versuch einer Klassifizierung zur Vereinfachung führen muß.

In der ältesten Gruppe sollte man die Malereien bis zum Ende des Bilderstreites im Jahre 843 zusammenfassen, wobei die vorherrschenden figuralen Darstellungen zumeist vor der Zeit des Ikonoklasmus (also vor 726) oder in der kurzen Phase der Wiedereinsetzung der Bilder (787-815) entstanden sind. Allerdings läßt es sich nicht ausschließen, daß zumal in abgelegenen Gegenden auch während des Bilderstreites vereinzelt figurale Gemälde entstanden sein können. Auf der anderen Seite sind die ornamentalen Schmuckformen nicht ausschließlich der ikonoklastischen Zeit zuzuordnen, sondern gerade in frühester Zeit schon häufig verwendet worden.

Die frühchristlichen Künstler brachten ihr Anliegen zunächst überwiegend durch die Verwendung von Symbolbildern zum Ausdruck, unter denen neben der Palme als Symbol des Paradiesbaumes und dem Weinstock als Sinnbild des Lebens die Kreuzmotive absolut dominierten zumal das Triumphkreuz der Leidensgeschichte gerade in Kappadokien besondere Verehrung genoß. Von kleinen Kreuzbildern in Medaillons bis hin zu den großen monumentalen Reliefkreuzen in den Flachdecken mehrerer Kirchen finden wir verschiedene Formen dieses Zeichens. Interessant ist in diesem Zusammenhang das Kreuzbild über dem Eingang zu einer Kapelle in Zelve. Hier hat der Künstler Fische als Symbole für die Gläubigen an das Kreuz gehängt, um dessen Fuß sich die Wirbel der Wasser des Lebens auftürmen. In besonders vielfältigen Variationen erscheint das Kreuz schließlich in der Zeit des Ikonoklasmus, so in der St. Basileios-Kirche bei Sinassos, in der ein großes in Laubwerk eingebettetes Juwelenkreuz die Decke schmückt und im Apsisbogen drei Kreuze stellvertretend für Isaak, Abraham und Jakob stehen.

Neben den ornamentalen Motiven begegnet uns im Apsisraum mehrfach das Bild des triumphierenden Christus oder der thronenden Jungfrau als Symbol der Fleischwerdung. Die Kuppelgemälde zeigen Christus in der Strahlenglorie oder in der Himmelfahrtsszene, darunter reihen sich erste Bilder aus dem Leben Christi neben Heiligenfiguren und Heilssymbolen wie Daniel in der Löwengrube oder die drei Jünglinge im Feuerofen, die auf ein neues Leben hinweisen. Spätestens gegen Ende des 7. Jahrhunderts verliert sich der provinzielle, manchmal etwas unbeholfene Charakter dieser Bilder, elegante Gestalten in leicht fallenden Gewändern und prunkvoll ausgearbeitete Juwelenkreuze erinnern an das griechisch-orientalische Ideengut der Mosaiken dieser Zeit in Rom.

Nach der ikonoklastischen Krise entwickelte sich ein neuer Stil, indem erzählende Szenen immer beliebter wurden, während ornamentale Muster und vor allem die Vorherrschaft des Kreuzsymbols schnell verschwanden. In dieser »archaischen« Zeit, so nannte G. de Jerphanion die Kunstepoche vom Ende des Bilderstreites bis in die Mitte des 10. Jahrhunderts, erlebte das Mönchtum einen beispiellosen Aufschwung und setzte seine ganze Kraft für die prachtvolle Ausschmückung der Kirchen ein. Wände und Gewölbe wurden zum Teil in mehreren Reihen übereinander mit Episoden aus der Kindheit und dem weiteren Leben Christi ausgemalt, während in der Apsis oft als Ende des Lebensberichtes die Maiestas Domini umgeben von den Evangelistensymbolen erscheint. Neben diesen biblischen Szenen erkennen wir Bilder aus dem Leben des Heiligen Georg, des Heiligen Simeon und des Heiligen Basileios, die zu den bemerkenswerten Gemälden der Neuen Kirche von Tokalı gehören, sowie einzigartige Bilder vom Martyrium der Apostel Petrus und Paulus.

In dieser Frühzeit der makedonischen Renaissance − so bezeichnet nach der von 867-1056 in Konstantinopel herrschenden makedonischen Dynastie − bildete sich unter Verwendung hauptstädtischer Vorlagen in Kappadokien eine großartige Künstlerschule, deren Gemälde durch die Harmonie ihrer Farben, die Eleganz der Bewegungen und die Ausdruckskraft der Gesichter zu echten Meisterwerken gerieten. Daneben dürfen wir aber nicht die zweite Richtung der Kirchenmalerei dieser Zeit vergessen, in der volkstümliche kappadokische Elemente mit orientalisierenden Schmuckformen eine Verbindung eingingen, wie bereits für die Tavşanlı Kilise bei Sinassos, die St. Theodor-Kirche bei Ürgüp und die Eğri Taş Kilise im Tal von Peristrema festgestellt werden konnte.

In den 50 Jahren bis zur Wende zum 11. Jahrhundert, die als Hochblüte der makedonischen Renaissance bezeichnet werden und als eigene Kunstepoche gelten, entwickelte sich der klassische byzantinische Stil in den Gemälden der Neuen Kirche von Tokalı und des »Großen Taubenhauses« von Çavuşin zur Vollkommenheit. Immer noch werden Themen aus dem Leben Christi verarbeitet, doch treten neue Motive wie die Aussendung der Jünger, das

König David in einem Arkadenbogen der Karanlık Kilise in Göreme. Die Schriftrolle zeigt einen Auszug aus dem 45. Psalm: »Höre, Tochter, sieh und neige dein Ohr, vergiß dein Volk und dein Vaterhaus.«

114

König Salomon in einem Arkadenbogen der Elmalı Kilise in Göreme. Die Schriftrolle zeigt einen Spruch aus der Heiligen Schrift (Prediger X 1): »Ein weiser Sohn ist seines Vaters Freude, ein törichter Sohn ist seiner Mutter Gram.«

Pfingstwunder und sogar die Priesterweihe der ersten sieben Diakone in Tokalı hinzu, was vielleicht ein Ausdruck des starken missionarischen Gedankens des späten 10. Jahrhunderts ist.

Im 11. Jahrhundert, mit dem wir eine weitere Epoche der kappadokischen Kirchenmalerei umschreiben, verliert sich die liebenswerte Naivität des volkstümlichen Stils der »archaischen« Phase. Ohne Sorgfalt, so scheint es, sind oft Ikonen von Christus, Maria und einigen Heiligen zum Teil über ältere Quaderimitationen auf die Wände gemalt, wie wir es von der St. Onuphrios-Kirche in Göreme kennen. Doch sind diese Bilder nicht das prägende Element der neuen Kunstepoche, sondern die vielen im besten Sinne des Wortes byzantinischen Gemälde in den großen und prächtig ausgestatteten Kreuzkuppelkirchen von Göreme. Großzügige Stiftungen der Kaiser oder der höheren Beamtenschaft ermöglichten die Vergabe an die besten Künstler der Zeit, die vor allem in den Säulenkirchen von Göreme − Çarıklı Kilise, Elmalı Kilise, Karanlık Kilise und Meryemana Kilise − einen aristokratisch zu nennenden Stil geschaffen haben, in dem hohes Kunstverständnis und vielleicht auch eine bis dahin in der christlichen Kunst nicht gekannte Begeisterung zum Ausdruck kommen. Nur wenige Jahre vor dem Einfall der Seldschuken waren hier Künstlerpersönlichkeiten am Werk, die in den großen Bilderzyklen des biblischen Lebens eine einzigartige Vervollkommnung des byzantinischen Stils erreicht haben.

Die Maler orientierten sich zwar an den hauptstädtischen Vorbildern, interpretierten sie aber auf ihre eigene Weise, wobei die Themen mit Rücksicht auf ihre Stellung innerhalb der Bilderreihen kraftvoll und doch mit Distanz behandelt worden sind. In der Kuppel findet sich zumeist das Bild des Pantokrators oder die Szene der Himmelfahrt Christi, der in einem mandelförmigen Heiligenschein von Engeln emporgetragen wird. Darunter stehen die Apostel oder Propheten, die zu Christus aufschauen. In den Nischen erkennen wir Maria mit dem Jesuskind, in den Lünetten sind so zentrale Themen wie die Geburt oder die Kreuzigung Christi dargestellt. Die umlaufenden Rahmenleisten führen uns in ausgedehnten Zyklen das Leben der Maria, sowie Kindheit, Wundertaten und Passion Christi vor Augen. Auch liebevoll ausgemalte Bilder aus dem Leben der Heiligen finden sich in vielen Kirchen, am schönsten aber in den Patronatskirchen des Heiligen Simeon in Zelve und der Heiligen Barbara im Tal von Soğanlı. Ganze Reihen von Propheten, Aposteln, Bischöfen und Märtyrern schmücken die hohen Wände oder sind als medaillongerahmte Halbfiguren auf die Schlußsteine der Gewölbe gemalt. Das verwirrende Bild und die unglaubliche Vielfalt von Heiligenfiguren beeindrucken jeden Besucher, der von der Häufigkeit und Ausstrahlung der Gemälde noch überwältigter ist als im Kloster Monreale bei Palermo oder in der Kariye Cami in Istanbul.

Leider war den christlichen Künstlern keine Fortführung dieser großartigen Tradition über das 11. Jahrhundert hinaus beschieden. Mit der seldschukischen Eroberung entvölkerten sich die Mönchskolonien, die Malerschulen verwaisten und die handwerklichen Fähigkeiten gerieten bald in Vergessenheit. Als die tolerante Haltung der seldschukischen Sultane im 13. Jahrhundert den Christen einen neuen Freiraum gewährte, reichte ihre Kraft nur noch zu einer vergleichsweise bescheidenen Blüte. Die Kunstwerke in den letzten Kirchen, der Kirche der 40 Märtyrer von Sebasteia in Şahinefendi (1215/1216) und der St. Georg-Kirche in Belisirama (1283-1295), kamen über eine schwache Nachahmung älterer Vorbilder nicht hinaus, zumal neue Impulse aus Konstantinopel nicht mehr wirksam werden konnten.

Reiseziel Göreme

Um die überragenden Sehenswürdigkeiten von Göreme zu erreichen, gibt es mehrere Möglichkeiten. Am einfachsten ist wohl die recht problemlose Teilnahme an einer der achttägigen preiswerten Türkei-Rundreisen, wie sie von einigen hierauf spezialisierten Veranstaltern (z.B. »Delta-Reisen«) unternommen werden. Dabei wird der Flug von Deutschland nach Istanbul und von Antalya zurück nach Deutschland mit einer dazwischen liegenden interessanten Busfahrt über Ankara, Boğazköy (Hattusa) und Konya nach Göreme verbunden. Diese Rundtour vermittelt unter der Betreuung durch einen deutschen Reiseleiter und bei Unterbringung in guten Hotels ein müheloses und umfassendes Erlebnis der grandiosen Landschaften und kulturellen Stätten Anatoliens. Ein Anschlußaufenthalt in Antalya oder Istanbul ist möglich.

Noch vielgestaltiger und abwechslungsreicher aber sind die Reisewege und -ziele, die man mit dem eigenen Auto erreichen kann. Dafür sollten jedoch mindestens drei Wochen Zeit zur Verfügung stehen. Von dem weiten Landweg (München-Istanbul 2000 km) möchten wir abraten. Es ist viel zeit- und kraftsparender und nicht sehr teuer, das Fährschiff von Venedig nach Izmir zu benutzen, das uns in zwei Tagen direkt an die türkische Westküste bringt.

Von Izmir, dem ehemals griechischen Smyrna aus, führen dann drei gute Hauptstraßen nach Nevşehir, von denen die an den Ruinen von Sardes vorbeiführende Strecke über Afyon, Konya und Aksaray mit 800 km die kürzeste Verbindung ins Gebiet von Göreme darstellt. Nur um 110 km länger, kulturgeschichtlich wie landschaftlich aber noch reizvoller ist die Variante über Ephesos-Aydin-Denizli/Pamukkale und entlang der Seen von Eğridir und Beyşehir. Zweckmäßigerweise benutzen wir für den Hinweg die eine, für die Rückfahrt nach Izmir aber die andere Straße, wenn nicht ein längerer Urlaub uns überhaupt die Möglichkeit gibt, die Rundreise noch weiter auszudehnen. Wir können dann entweder die ganze malerische Südküste oder aber die Sehenswürdigkeiten der Nordwesttürkei mit Ankara, Istanbul, Bursa, Troja und Pergamon ins Programm einbeziehen.

116

Alle Auskünfte, die wir über Land und Leute brauchen, sowie Prospektmaterial, Hotel- und Campingplatznachweise, Straßenzustandskarten und die Vorausbuchung der Fährschiffe erhalten wir von den türkischen Verkehrsämtern in Frankfurt und München, eine brauchbare Übersichtskarte im Maßstab 1 : 1 600 000 vom Ravenstein-Verlag Frankfurt.

Die Lebensverhältnisse in der vorderen Türkei sind für europäische Ansprüche durchaus annehmbar. In allen größeren Orten finden wir saubere Hotels (und Motels) und gute Restaurants, desgleichen schöne Campingplätze meist in Verbindung mit einer Tankstelle oder Gaststätte. Für den Besuch von Göreme können wir besonders den großen Campingplatz am Stadtrand von Ürgüp als Standquartier empfehlen, der über schattige Stellplätze, saubere Bungalowzimmer und sanitäre Einrichtungen, sowie ein sehr gut geführtes Restaurant verfügt. Eine Verständigung in deutsch ist hier wie fast überall möglich, halbwegs gebildete Türken sprechen außerdem meist etwas englisch oder französisch. Von der uns recht ungewohnten türkischen Sprache brauchen wir dann nur die notwendigsten zehn Worte zu lernen, um überall gut zurecht zu kommen.

Auf allen Straßen, in den Hotels und auf den Campingplätzen sind wir vom März bis Oktober keineswegs allein. Die Türkei ist längst kein Geheimtip mehr unter den Autotouristen und bei den Reiseunternehmern der westeuropäischen Länder. Um den Reisekomfort ist es in der Türkei nicht schlechter bestellt als in Griechenland und Spanien. Die Campingplätze im Landesinneren sind allerdings nicht so zahlreich wie entlang der Küste, jedoch jederzeit entsprechend den Tagesetappen unserer Reise immer gut zu erreichen. Man kann aber ebenso gut frei in der Landschaft übernachten, wobei es zumindest in den abgelegenen Gebieten des Hochlandes zu empfehlen ist, das Zelt neben einer Gaststätte oder im Garten einer der zahlreichen ländlichen Gendarmeriestationen aufzuschlagen. Überall wird man sich über die Besucher freuen und diese gleich zum Tee oder zum Essen einladen, wie wir es nicht zuletzt bei vielen Polizeiposten erleben durften. Wir haben auf diese Weise viele Wochen in der ganzen Türkei frei kampiert und hatten dabei nie die geringsten Schwierigkeiten. Denn die anatolische Bevölkerung ist sehr aufgeschlossen, ehrlich und vor allem gastfreundlich, die Jugend allerdings manchmal etwas aufdringlich-neugierig. Wir sind hier ja schließlich auch im Vorderen Orient.

Nicht nur das frühchristliche und mittelalterliche Göreme, dem wir dieses Buch gewidmet haben, sondern vielmehr die ganze Türkei mit ihren eindrucksvollen Landschaften und hervorragenden kulturgeschichtlichen Stätten und Sehenswürdigkeiten und mit ihrer schlichten, aber herzlich gastfreundlichen Bevölkerung ist mehr als eine Reise wert. Anatolien hat — nicht nur von den einheimischen Kulturen der Hethiter, Phryger, Lyder und Karer geprägt, sondern auch ganz wesentlich von den Griechen und Römern geformt — einen nicht unbeträchtlichen Anteil am Zustandekommen unserer abendländischen Kultur und ist im besten Sinne ein beachtenswertes Reiseland der Gegenwart und Zukunft.

G. Kl.

Erläuterung der Fachausdrücke

Anachoret In der Einsamkeit lebender christlicher Asket.
Arianer Anhänger der Lehre des Presbyters Areios von Alexandreia (ca. 260-336). Dieser versuchte die im 2. Jahrhundert auftretende Glaubensspannung zwischen dem einzigen einen Gott und der Gottheit Christi im Sinne des Monotheismus zu lösen, indem er Christus als Geschöpf des Vaters ansah.
Freskomalerei Maltechnik, in der die Farben auf den noch feuchten Kalkbewurf einer Wand aufgetragen werden.
Hippodrom Wagen- und Pferderennbahn.
Ikone Kultbild der Ostkirche, das Christus, Maria, Heilige oder christliche Ereignisse darstellt.
Ikonoklasmus Religiöse Bewegung, die das Abbilden Gottes in Malereien und Darstellungen verbietet und einen Höhepunkt im Bilderstreit des 8./9. Jahrhunderts erreicht.

Monophysiten Anhänger einer altchristlichen Glaubensrichtung, die Christus nicht als Verbindung der göttlichen und der menschlichen Natur versteht, sondern nur als die eine Natur des fleischgewordenen Wortes Gottes. Zum Monophysitismus bekennen sich heute noch die Armenische, Äthiopische, Koptische und Syrisch-jakobitische Kirche.
Naos Innenraum einer Kultstätte.
Narthex Eingangshalle einer Basilika.
Nekropole Antike Begräbnisstätte.
Nestorianer Anhänger des Nestorios, Patriarch von Konstantinopel (428-431), der sich gegen monophysitische Tendenzen wendet und in Maria nicht die »Gottesgebärerin«, sondern die »Christusgebärerin« sieht. Kyrill von Alexandreia bezichtigt ihn 431 auf dem Konzil von Ephesos der Heräsie und läßt ihn absetzen.

Orthodoxie Rechtgläubigkeit, Strenggläubigkeit.

Pantokrator Bezeichnung für die Allmacht Gottes, im christologischen Streit als Schlagwort gegen die Arianer verwendet. In der christlichen Kunst die Darstellung von Christus in Kuppeln und Apsiden als Halbfigur, aber auch stehend oder sitzend als Ganzfigur, die Rechte in Segensgebärde erhoben, die Linke das Evangelienbuch haltend.

Paulizianer Um 650 entstandene dualistische Sekte der byzantinischen Kirche, von ihren Gegnern wegen ihrer Verehrung des Apostels Paulus so benannt. Sie lehnt Kult und Hierarchie ab und unterstützt im Bilderstreit die bilderfeindlichen Kaiser.

Parekklesion An einen größeren Kirchenraum angeschlossene Seitenkapelle.

Patriarchat Amt des Oberbischofs und damit die Verwaltung eines Verbandes von Kirchenprovinzen.

Refektorium Speisesaal eines Klosters.

Seccomalerei Maltechnik auf trockenem Wandputz.

Sgraffito Wandmalerei, bei der die Zeichnung aus

Templon Im griechischen Raum die Bezeichnung für die Ikonostase, die mit Bildern geschmückte, meist dreitürige Wand, die den Altarraum vom übrigen Kirchenraum trennt.

Trikonchos Kirche mit einem kleeblattförmigen Grundriß.

Tympanon Bogenfeld über dem Türsturz eines Portals.

Abbildungsnachweis und Bibliographie

Als Vorlage für die Textabbildungen dienten die folgenden Werke:

W. J. Hamilton, Reisen in Kleinasien, Pontus und Armenien, Leipzig 1843; Textabb. S. 91

P. Lucas, Voyage du Sieur Paul Lucas, fait par ordre du Roy dans la Grèce, l'Asie Mineure, la Macedoine et l'Afrique, Paris 1712; Textabb. S.8

Hans Rott, Kleinasiatische Denkmäler aus Pisidien, Pamphylien, Kappadokien und Lykien (= Studien über christliche Denkmäler N.F.Heft 5/6), Leipzig 1908; Textabb. S. 99

Ch. Texier, Description de l'Asie Mineure faite par ordre du Gouvernement français de 1833 à 1837 et publiée par le Ministère de l'Instruction publique. Beaux arts, monuments historiques, plans et topographie des cités antiques, 3 Bde., Paris 1839-1849; Frontispiz u. Textabb. S. 11, 13, 18 u. 45

Weitere Literatur in Auswahl:

L. Budde, Göreme. Höhlenkirchen in Kappadokien, Düsseldorf 1958

S. und H. Geerken, Führer durch Göreme, Istanbul ca. 1968 (Türkiye Turing ve Otomobil Kurumu/Türkischer Automobilclub)

L. Giovannini (Hrsg.), Kunst in Kappadokien, Genf/Paris/München 1972

Cl. und G. Holzmeister / R. Fahrner, Bilder aus Anatolien. Höhlen und Hane in Kappadokien, Wien 1955

G. de Jerphanion, Une nouvelle province de l'art Byzantine. Les églises rupestre de Cappadoce, 3 Textbde., 3 Bildbde., Paris 1925-1942

M. Restle, Die byzantinische Wandmalerei in Kleinasien, 3 Bde., Recklinghausen 1967

H. H. Graf von Schweinitz, Kleinasien. Ein Reitausflug durch das Innere Kleinasiens im Jahr 1905, Berlin 1906

N. und M. Thierry, Nouvelles églises rupestres de Cappadoce. Région du Hasan Dağı, Paris 1963

D. Wood, Byzantine Military Standards in a Cappadocian Church, in: Archaeology 12 (1959) 38-46

Register

Im Gerhard-Klammet-Verlag erschienen ferner